QUELLEN UND FORSCHUNGEN ZUR AGRARGESCHICHTE

Herausgegeben von
Professor Dr. Dr. FRIEDRICH LÜTGE
München

Professor Dr. GÜNTHER FRANZ　　　　　Professor Dr. WILHELM ABEL
Stuttgart-Hohenheim　　　　　　　　　　　Göttingen

BAND XVIII

GEORG VON BELOW

Geschichte der deutschen Landwirtschaft des Mittelalters

in ihren Grundzügen

Aus dem hinterlassenen Manuskript
herausgegeben von
FRIEDRICH LÜTGE

Zweite, unveränderte Auflage

GUSTAV FISCHER VERLAG · STUTTGART
1966

©
Gustav Fischer Verlag Stuttgart
1966
Alle Rechte vorbehalten
Druck: Grammlich, Pliezhausen
Einband: Sigloch, Künzelsau/Württ.
Printed in Germany

Vorwort des Herausgebers.

Unter dem reichen wissenschaftlichen Nachlaß GEORG V. BELOWs, den ich kürzlich durchsehen und sichten durfte, fand sich ein Manuskript mit der Aufschrift „Die großen Linien in der Geschichte der deutschen Landwirtschaft". Eine nähere Einsicht ergab, daß es sich hier um ein von dem am 20. Oktober 1927 verstorbenen Verfasser hinterlassenes Manuskript handelte, das weit mehr darstellte als eine Vorstudie, ja das in dem Umfange, in dem es vorlag, als durchaus abgeschlossen gelten konnte. Allerdings war der ganze Plan nicht in dem Umfang verwirklicht worden, wie er gemäß dem Titel in der Absicht G. v. Belows gelegen hatte. Nur das Mittelalter war behandelt worden, nicht mehr die Zeit der Reformation, des Bauernkrieges und der darauffolgenden Jahrhunderte, die sog. Bauernbefreiung und die sich daran anschließende jüngste Zeit[1]). Und von dem letzten Kapitel, das das Hoch- und Spätmittelalter behandelte, war auch nur die erste Hälfte geschrieben, die die Eigentums- und Besitzverhältnisse (Agrarverfassung) zum Gegenstand hat, nicht aber die bei den beiden vorausgehenden Kapiteln bereits ausgeführte zweite Hälfte, die der Darstellung der technischen Seite der Landwirtschaft gewidmet ist, — zweifellos ein schwerer Verlust. Jeder Gedanke, gestützt auf die reichlich zusammengetragenen Notizen, Exzerpte usw., die Arbeit im Sinne des Verfassers zu ergänzen, mußte von vornherein als undurch-

---

1) Wie kurz bemerkt sei, hat G. v. Below sich mit der Erforschung dieser späteren Zeit in mehreren, in ihrem wissenschaftlichen Wert allgemein anerkannten Abhandlungen befaßt, die gleichsam als Vorstudien gelten können. Hier sind namentlich zu nennen: Die Fürsorge des Staates für die Landwirtschaft, eine Errungenschaft der Neuzeit, in: Probleme der Weltwirtschaft, 2. Aufl., 1926, S. 78 ff.; Der Osten und der Westen Deutschlands, der Ursprung der Gutsherrschaft, in: Territorium und Stadt, 1901, S. 1 ff.; Zur Entstehung der Rittergüter, ebenda, S. 95 ff.

führbar fallen gelassen werden. Man mußte sich auf das beschränken, was abgeschlossen vorlag. Wenn der Herausgeber sich gleichwohl sofort dazu entschloß, das Manuskript in der vorliegenden Form zu veröffentlichen, so sprach dafür einmal die Überzeugung, daß die Wissenschaft und die Öffentlichkeit gleichsam einen Anspruch darauf haben, daß ihnen dieses hinterlassene Werk eines der bedeutendsten Historiker der letzten Generation nicht vorenthalten wird. Daneben aber sprach auch der sachliche Inhalt des vorliegenden Teiles dafür. Wie der Leser erkennen wird, liegt das Schwergewicht der Darstellung G. v. Belows auf dem 2. und 3. Kapitel, die ja zeitlich in die Periode fallen, der im besonderen die Lebensarbeit des Verfassers gehört hat. Das ist aber gerade die Zeit, die sonst leicht vernachlässigt wird. Haben doch in den agrargeschichtlichen Untersuchungen, an denen unsere Literatur ja nicht arm genannt werden kann, immer drei Zeitabschnitte im Vordergrunde gestanden: 1. die sog. Urzeit, 2. die Zeit des Bauernkrieges, 3. die Zeit der Bauernbefreiung (mit dem dieser Reform voraufgehenden Jahrhundert). Daneben fand nur noch die Karolingerzeit besondere Aufmerksamkeit, während die auf die Karolingerzeit folgenden Jahrhunderte bis zum Beginn des Bauernkrieges über Gebühr in den Hintergrund treten. Das ist aber bei G. v. Below nicht der Fall, ja gerade hier bietet er ganz besonders Wertvolles, und daher schien es doppelt erwünscht zu sein, das vorgefundene Manuskript der Öffentlichkeit zu übergeben.

Wer je, wie es dem Herausgeber vergönnt war, zu Füßen G. v. Belows saß und sein Kolleg über Wirtschaftsgeschichte hörte, wird gehofft haben, daß er uns noch vor seiner Abberufung eine geschlossene Darstellung der deutschen Wirtschaftsgeschichte hinterlassen würde. Das ist uns leider nicht beschieden worden. Seinem rastlosen, sich stets neuen ungeklärten Problemen zuwendenden Geist lag es mehr, Neuland zu erschließen und kritisch zu sichten, als abgerundete Darstellungen zu geben, und vielleicht war auch das der tiefste Grund, aus dem heraus er die Arbeit an diesem Werk wieder zurückstellte (denn daß dies der Fall ist, daß sie in der vorliegenden Form nicht aus der allerletzten Zeit seines Lebens stammt, sondern aus einer um einige Jahre zurückliegenden Periode, ergibt sich aus der Berücksichtigung der Literatur). Unsere Zeit drängt wieder mehr zu Zusammenfassungen, ohne Zweifel da und dort auf Kosten exakter Quellenforschung und kritischer Sichtung. Hier bietet sich eine solche auf einem Teilgebiet dar, das heute im besonderen zu den bevorzugten Gegenständen der Forschung gehört. Und diese Zusammenfassung stammt aus der Feder eines Mannes, der vorbildlich war in unbestechlicher Ehrlichkeit und Selbstkritik, auch im Kleinsten. Auch darin liegt nicht zuletzt die Bedeutung des hiermit der Öffentlichkeit übergebenen Buches.

Bei der Herausgabe des Manuskriptes waren die folgenden Grundgedanken maßgebend: Der Text, wie ihn G. v. Below hinterlassen hatte, ist vollkommen unangetastet geblieben, lediglich einige Schreibfehler sind richtiggestellt. Ebenso sind seine Fußnoten mit zum Abdruck gebracht. Hier war es allerdings in vielen Fällen notwendig, allzu knappe Abkürzungen des Verfassers aufzulösen, d. h. also die Titel der herangezogenen Schriften, die oft so kurz angegeben waren, daß sie nur schwer verstanden werden konnten, sind verdeutlicht, und ebenso ist überall das zumeist fehlende Erscheinungsjahr hinzugefügt worden. Daneben hielt es der Herausgeber für richtig, den Leser auf neuere Literatur und in einigen wichtigen Fällen auch auf abweichende Ansichten hinzuweisen; all das aber nur in Fußnoten, ohne Beeinträchtigung des v. Belowschen Textes. Diese von mir hinzugefügten Anmerkungen sind äußerlich durch Sternchen [*)] kenntlich gemacht, während die Fußnoten des Verfassers mit Ziffern bezeichnet sind [1), 2) usw.]. Auf ein näheres Eingehen auf abweichende Ansichten wurde bewußt verzichtet, um die Geschlossenheit der v. Belowschen Darstellung nicht zu stören, und ebenso auf ein Weiterführen v. Belowscher Gedanken auf Grund der neueren Forschungsergebnisse. Es konnte lediglich darauf ankommen, dem Leser einige Hinweise zu geben, die es ihm erleichtern, den Anschluß an die neuere Literatur zu finden. Neben sachlichen Gründen bedingte diese Zurückhaltung auch die Achtung vor dem Werk des Verstorbenen.

Den Titel, den G. v. Below dem Ganzen hatte geben wollen, glaubte ich nicht beibehalten zu dürfen, da er mir so (in der erwähnten Fassung) nicht zutreffend schien. Die Beschränkung auf die Behandlung des Mittelalters mußte unbedingt berücksichtigt werden; die Voranstellung der Worte „Geschichte der deutschen Landwirtschaft" schien aus Gründen größerer Klarheit erwünscht. So kam die jetzt verwendete Fassung zustande.

Der Herausgeber hofft, daß diese letzte Arbeit aus der Feder G. v. Belows gerade in unserer Zeit mit ihrem regen historischen Interesse, im besonderen für die Geschichte der deutschen Bauern und der Landwirtschaft überhaupt, die freundliche Aufnahme findet, die sie verdient. Daß sie erscheinen konnte, ist der Gattin des Verfassers, Frau M. v. BELOW, zu danken, die alles tat, um die Ausgabe zu erleichtern, und ferner dem Verleger, Herrn Dr. GUSTAV FISCHER, der sich sofort bereit erklärte, das Werk in seine Obhut zu nehmen.

Jena, Ende Januar 1937. F. L.

Vorwort zur zweiten Auflage

Der Anregung, der Ausgabe einer zweiten Auflage in der Form einer photomechanischen Vervielfältigung zuzustimmen, komme ich natürlich gern nach. Findet dieses nachgelassene Werk G. v. Belows doch immer noch Beachtung und stößt damit auch weiterhin auf Nachfrage. Nun steht es in dieser neuen Form wieder zur Verfügung. Eine Änderung oder Ergänzung in den Fußnoten war damit ausgeschlossen; aber beides erübrigt sich ja wohl bei diesem bekannten Werk. Die bemerkenswert umfangreiche Literatur der neuesten Zeit wäre sowieso nicht zu berücksichtigen gewesen, da sie dazu viel zu zahlreich ist. Möge diese Neuausgabe weitere Forschungen anregen.

München/Gräfelfing, den 10. 6. 1966.

Friedrich Lütge

Anmerkung: Über Georg v. Below vgl. seine Selbstbiographie, in. Die Geschichtswissenschaft in Selbstdarstellungen, Bd. I, 1925, S. 1—49. — Ferner die lebenswarme Darstellung seiner Frau MINNIE V. BELOW, Georg v. Below. Ein Lebensbild für seine Freunde, 1930. — HERMANN AUBIN, Georg v. Below als Wirtschaftshistoriker, in: Vierteljahrschrift für Sozial- und Wirtschaftsgeschichte, Bd. 21. 1928. — Eine umfassende Bibliographie von LUDWIG KLAIBER im Beiheft XIV der genannten Zeitschrift, 1929.

I. Die Grundlagen (die Urzeit).

A. Die Eigentums- und Besitzverhältnisse.

Die Geschichte der Schilderungen der Vergangenheit zeigt oft eine Wiederkehr älterer Anschauungen, gelegentlich sogar einen Kreislauf der Theorie. Einer neuen Generation scheint ein Gesichtspunkt, der in älterer Zeit stärker betont worden war, von der unmittelbar vorausgehenden vernachlässigt zu sein; sie glaubt ihn wieder mehr zur Geltung bringen zu müssen. Die Wahrheitsmomente, die in den verschiedenen Anschauungen liegen oder zu liegen scheinen, kommen so nach und nach zu neuer, unter Umständen zu verstärkter Geltung. Aber nicht blos aus solchen Gründen stellt sich jene Wiederkehr der Theorien ein. Die Wechelwirkung, die wir zwischen der wissenschaftlichen Forschung und den politischen oder anderen allgemeinen Stimmungen der Zeit häufig beobachten, äußert hier auch ihre Wirkung, wie es ja eine bekannte Tatsache ist, daß sich nicht selten in der Schilderung der Vergangenheit das Ideal der Gegenwart mehr oder weniger bewußt oder unbewußt spiegelt.

Anlaß zu derartigen Wahrnehmungen gibt uns wie kaum ein anderes Gebiet die Geschichte der Schilderungen von Verfassung und Wirtschaft der deutschen Urzeit. Indem wir es unterlassen, die Abhängigkeiten der sich ablösenden Theorien im einzelnen aufzuweisen, erwähnen wir nur kurz, daß man einst für die ständischen und wirtschaftlichen Verhältnisse der Urzeit als das durchaus herrschende Element die Grundherrschaft angenommen hat, daß darauf, jahrzehntelang die Anschauungen bestimmend, die Theorie von den Gemeinfreien als der maßgebenden Bevölkerungsschicht folgte, daß diese Auffassung von politischen Idealen ihrer Zeit getragen wurde, daß am Ende des 19. Jahrhunderts die grundherrliche Theorie mit starkem, wiewohl nicht zum Sieg führenden Eindruck wieder auftauchte, daß heute eine revidierte Gemeinfreientheorie das unzweifelhafte Übergewicht hat¹)*). Jene Erneuerung der grundherrlichen Theorie ist für die Forschung nicht unfruchtbar gewesen, hat aber in ihrem Kern der vorausgehenden Auffassung Platz machen müssen.

Die Grundlage des Volkes bildeten in der deutschen Urzeit — so urteilt heute**) die überwiegende Zahl der Forscher — weitaus

---

1) Vgl. G. v. BELOW, Der deutsche Staat des Mittelalters 1, S. 113 ff. Zu den Fragen, die sich an die wirtschaftlichen Probleme der deutschen Urzeit knüpfen, vgl. die eigenen Erörterungen und literarischen Hinweise in den agrargeschichtlichen Artikeln des Wörterbuchs für Volkswirtschaft (von FUCHS, SERING, G. v. BELOW usw.), 3. Aufl., ferner bei RUDLOF KÖTZSCHKE, Deutsche Wirtschaftsgeschichte bis zum 17. Jahrhundert (Grundriß der Geschichtswissenschaft, hrsg. von AL. MEISTER II, 1) (1908), S. 20 ff.; SERING, Die Vererbung des ländlichen Grundbesitzes im Königreich Preußen, II, 2: Erbrecht und Agrarverfassung in Schleswig-Holstein auf geschichtlicher Grundlage (1908), S. 27 ff.; HOOPS, Waldbäume und Kulturpflanzen im germanischen Altertum (1905); Derselbe, Art. Ackerbau, im Reallexikon der germanischen Altertumskunde, hrsg. von HOOPS (1911/13), I, S. 17 ff.; Derselbe und v. SCHWERIN, Art. Agrarverfassung, ebenda I, S. 41 ff. (s. auch die anderen agrargeschichtlichen Artikel in demselben Reallexikon); A. DOPSCH, Wirtschaftliche und soziale Grundlagen der europäischen Kulturentwicklung von der Zeit Cäsars bis auf Karl d. Gr., Bd. 1 (1918).

*) Vgl. auch G. v. BELOWS Aufsatz „Das kurze Leben einer vielgenannten Theorie (Über die Lehre vom Ureigentum)", in: Probleme der Wirtschaftsgeschichte, 2. Aufl., 1926, S. 1 ff. Inzwischen liegen von den Schriften von DOPSCH und KÖTZSCHKE neue Auflagen vor. Die vorstehend genannten „Grundlagen" von DOPSCH sind 1923/24 in neuer Auflage herausgekommen, das unten erwähnte andere große Werk „Wirtschaftsentwicklung der Karolingerzeit" i. J. 1921/22; KÖTZSCHKES „Deutsche Wirtschaftsgeschichte" ist 1921 unter dem Titel „Grundzüge der Deutschen Wirtschaftsgeschichte" in 2. Aufl. u. dann 1923 in einem unveränderten Neudruck wieder herausgekommen. Derselbe hat fernerhin 1924 sein umfassendes Werk „Allgemeine Wirtschaftsgeschichte des Mittelalters" veröffentlicht. Neben dem von G. v. BELOW ausgiebig herangezogenen „Reallexikon" von HOOPS vgl. das neuere von MAX EBERT herausgegebene „Reallexikon der Vorgeschichte" (1924 ff.), das allerdings nicht nach den gleichen Gesichtspunkten zusammengestellt ist und jenes nicht entbehrlich macht. Das „Handwörterbuch der Staatswissenschaften" ist 1923—29 in neuer (4. Aufl.) erschienen. Hier hat G. v. BELOW selbst die Artikel „Agrargeschichte" (Bd. I) und „Geschichte des Grundbesitzes" (Erg.-Bd) beigesteuert, und RUD. KÖTZSCHKE den Artikel „Bauer, Bauerngut und Bauernland" (Bd. II). Die von G. v. BELOW für die 3. Aufl. des Wörterbuches der Volkswirtschaft beigesteuerten Artikel sind fast alle unverändert in der 4. Aufl. 1931/33 wieder abgedruckt. Vgl. auch JOSEF KULISCHER, Allgemeine Wirtschaftsgeschichte, I. Bd., 1928; MAX WEBER, Wirtschaftsgeschichte, 1923. Vgl. auch die in Frage kommenden Abschnitte des Lehrbuches der deutschen Rechtsgeschichte von R. SCHRÖDER u. E. FRHR. V. KÜNSSBERG, 7. Aufl., 1932, und von CL. FRHR. V. SCHWERIN, Grundzüge der deutschen Rechtsgeschichte, 1934 u., M. SERINGS Deutsche Agrarpolitik auf geschichtlicher u. landeskundlicher Grundlage, 1934.

**) Das gilt auch noch jetzt (1937). Über neuere Kritik an den Berichten des Caesar und Tacitus vgl. außer DOPSCH: E. NORDEN, Die germanische Urgeschichte in Tacitus'

die Freien; die Zahl der Unfreien war gering. Von den Freien lebte ein kleinerer Teil als Grundherren, überwiegend aber als Grundherren bescheidener Art, der weitaus größere Teil als Bauern. Die nicht beträchtliche Zahl der namhafteren Grundherren können wir als Adel bezeichnen, als einen Adel nicht sowohl im rechtlichen*) als im sozialen Sinn: größerer Besitz (Landbesitz) hob sie aus der Menge heraus, und herkömmlich wurden die dauernden Ämter im Staat (Königtum, Vorsteheramt der Hundertschaft)**) aus ihrem Kreis besetzt. Die Linie zwischen den kleineren Grundherren und den einfachen Bauern wird nicht scharf zu ziehen sein. Wenn ein Grundherr der ist, der durch Lieferungen abhängiger Leute einen Zuschuß zu seiner Wirtschaft erhält und auf diesen angewiesen ist, so war der kleinere Grundherr daneben doch auch in eigener Wirtschaft tätig, weil die Abgaben seiner paar Unfreien, oder

---

Germania, 3. Abdruck (1923); C. KOEHNE, Die Streitfragen über den Agrarkommunismus (1928); E. MAYER, Das antike Idealbild von den Naturvölkern, in: Zeitschr. f. deutsch. Altert., Bd. 62 (1925); FR. STEINBACH, Gewanndorf u. Einzelhof, in: Historische Aufsätze, Aloys Schulte zum 70. Geburtstage (1927); W. STACH, Zu Caesars Nachrichten über den Ackerbau bei den Sueben u. Germanen (Brandenburg-Festschrift) (1928); KARL WÜHRER, Beiträge zur ältesten Agrargeschichte des germanischen Nordens (1935), 1. Kapitel.

*) Die alte Kontroverse über die Rechtsstände der germanischen Urzeit ist neuerdings, ohne damit aber geklärt zu sein, in drei wichtigen Arbeiten fortgeführt worden: MARTIN LINTZEL, Die Stände der deutschen Volksrechte, hauptsächlich der Lex Saxonum (1933); HERBERT MEYER, Das Handgemal als Gerichtswahrzeichen des freien Geschlechts usw. (Schriften der Akademie für deutsches Recht, Gruppe V: Rechtsgeschichte, Bd. I, Heft 1) (1934); PHILIPP HECK, Untersuchungen zur altsächsichen Standesgliederung, insbesondere über die ständische Bedeutung des Handgemals (1936).

**) Soweit beide vorkommen. G. v. BELOW meint ja beide auch nur beispielhaft für Führerstellungen in Staat und Volk überhaupt. Bei der Hundertschaft hat man einen lokalen und einen personalen Verband zu unterscheiden. Den ersteren hat man früher vielfach als Zwischenglied zwischen Gau und Dorf angesehen, aber: „diese Ansicht läßt sich mit den Quellen nicht vereinigen" (H. BRUNNER, Deutsche Rechtsgeschichte, I. Bd., 2. Aufl., 1906, S. 159). Er kommt als erheblich jüngere Bildung bei den Schwaben, Franken, Angelsachsen und Nordgermanen vor (ebenda, S. 160; G. LANDAU, Die Territorien, 1854, S. 192). An der Hundertschaft als personalen Verband im Rahmen der alten Heeres- und Gerichtsverfassung hält z. B. auch BRUNNER noch fest (a. a. O. S. 159). Auch das ist umstritten. So verhält sich z. B. FEDOR SCHNEIDER ablehnend (Staatliche Siedlung im frühen Mittelalter, in: Aus Sozial- und Wirtschaftsgeschichte, Gedächtnisschrift für Georg v. Below, 1928, S. 33); nach ihm gestattete die Gliederung nach Sippen keine andere Gliederung neben sich. Auch RUD. KÖTZSCHKE lehnt sie als Bestandteil der Verfassung der Urzeit ab und vertritt die Ansicht, daß sie erst „bei der erobernden Einwanderung in das provinzialrömische Gebiet" aufgekommen sei (Allgem. Wirtschaftsgeschichte des Mittelalters, 1924, S. 143).

vielleicht der einen unfreien Familie, die er besaß, nicht ausreichten, um seinen Lebensunterhalt zu bestreiten. So gehen denn die Verhältnisse dieser bescheidenen Grundherren und der freien Bauern, die ohne Unfreie wirtschafteten, ineinander über. Man könnte den Unterschied zwischen beiden etwa auch blos als den von Großbauern und kleineren Bauern bezeichnen. Die Unfreien waren, wie sich schon aus dem Gesagten ergibt, in der Art abhängiger Bauern tätig, nach dem Wort des Tacitus, daß der „dominus", der freie Germane, dem unfreien „frumenti modum aut pecoris aut vestis ut colono iniungit". Als Hausssklaven werden Unfreie nur in sehr geringer Zahl beschäftigt worden sein.

Hinsichtlich der Art, wie die Ansiedlung der Germanen stattgefunden hat, bemerken wir wiederum jenen Kreislauf der Theorie: nachdem die Anschauung vorgetragen worden war, daß Grundherren das Land kolonisiert, Bauern angesiedelt hätten, die zur Zinszahlung und zur Frondienstleistung verpflichtet wurden, kam die Meinung von der Besiedlung des Landes durch freie Genossenschaften auf, welche Dörfer gründeten und die Dorffeldmarken einrichteten, freie Genossenschaften gleichberechtigter Personen, welche ihren Mitgliedern durch gleichmäßige Ackerverteilung eine wirtschaftlich gleiche Stellung verschafften. Hiergegen wandte sich wiederum eine neuere grundherrliche Theorie, die den historischen Gesichtspunkt der allmählichen Entwicklung gegenüber dem Rationalismus, mit dem manche Vertreter jener Genossenschaftstheorie den deutschen Urbauer zu einem ganz planmäßig handelnden Begründer des einem ausgeklügelten System dienenden Dorfes zu einem Fanatiker der Besitzesgleichheit gemacht hatten, zur Geltung bringen wollte[1]. Es ist ohne Zweifel ein an sich richtiger Gesichtspunkt, der hiermit hervorgekehrt wird. Das in geschichtlicher Zeit zu beobachtende Bild des Dorfes mit seinen Gehöften und seiner Äckerlage haben wir uns ganz gewiß zum Teil nicht als ein mit Berechnung durchgeführtes System, sondern als historisches Produkt, als die Folge des allmählichen Ausbaues der Ansiedlung und der Flur zu denken. Indessen, das Bild der Dorfflur in ihrem Kern und Wesen weist doch auf eine Landverteilung durch eine autonome Genossenschaft gleichberechtigter Mitglieder hin, und so hat dann im Hinblick darauf die Ge-

---

[1] Vgl. G. F. KNAPP, Siedelung und Agrarwesen nach A. MEITZEN, in: Grundherrschaft und Rittergut (1897), S. 101 ff.

nossenschaftstheorie gegenüber der grundherrlichen von neuem den Sieg davongetragen*).

Doch um diese Beziehungen anschaulicher vorzuführen, haben wir auf den allgemeinen Stand des Ackerbaues und die Eigentumsverhältnisse an Grund und Boden in der Urzeit genauer einzugehen.

Die Germanen treten mit einem entwickelten Ackerbau in die Geschichte ein. „Die übereinstimmenden Ergebnisse der Archäologie und der Sprachwissenschaft zeigen uns, daß der Ackerbau in ganz Mittel- und Nordeuropa zu Beginn unserer Zeitrechnung bereits eine zwei- bis dreitausendjährige Entwicklung hinter sich hat" (Hoops). Wenn die Viehzucht im Wirtschaftsleben der Germanen zur Zeit ihres Zusammentreffens mit den Römern eine größere Rolle spielt als der Ackerbau, so wird doch auch auf diesen ernstlich Wert gelegt. Die römischen Schriftsteller berichten ja, daß es sich bei den Auswanderungen germanischer Stämme immer um die Erwerbung neuer Wohnsitze und ergiebiger Ackergründe handelt. Um dieser Wanderungen willen sodann darf man die Deutschen nicht etwa als Wanderhirten auffassen. „Es besteht ein gewaltiger, prinzipieller Unterschied zwischen dem Wandern der germanischen Völkerschaften, die in großen, geschlossenen Massen auszogen, um sich irgendwo in der Fremde eine neue Heimat zu erkämpfen, und den herdenweis umherstreifenden Nomaden, die nicht planlos von Ort zu Ort in die Ferne wandern, sondern im allgemeinen jedes Jahr wieder die gleichen Weideplätze und Lagerstätten aufsuchen, so daß sich ihr Wanderleben der Regel nach in einer bestimmten, abgegrenzten Region vollzieht" (Hoops). Die Theorie vom Nomadentum

---

*) Für die von römischen Einflüssen gänzlich freien Gebiete Dänemarks und Skandinaviens hat Karl Wührer, Beiträge zur ältesten Agrargeschichte des germanischen Nordens, 1935, neuerdings mit kaum zu widerlegenden Argumenten nachgewiesen, daß weder diese noch jene Theorie zutrifft, sondern daß die älteste Ansiedlung in Einzelhöfen, allenfalls zum Teil in Weilern erfolgte auf der Grundlage des Privateigentums, und daß die „genossenschaftlichen" Bildungen wie Gemengelage, Flurzwang usw. erst später im Zuge der Verdichtung der Besiedelung entstanden sind. Meine eigenen, zur Zeit laufenden Untersuchungen über die gleichen Vorgänge im binnendeutschen, gleichfalls von römischen Einflüssen freien Gebiet hatten mich schon ganz unabhängig von Wührer zu der gleichen Ansicht gebracht. Vgl. auch Fr. Steinbach a. a. O. Man muß vielleicht einen Unterschied machen zwischen diesen und den provinzialrömischen Gebieten, ebenso wie man nie vergessen darf, daß unsere historischen Zeugnisse aus einer relativ jungen Zeit stammen und daß die „Urzeit", die man früher um Christi Geburt herum ansetzte, heute nicht zuletzt infolge der Ergebnisse der Spatenwissenschaft sehr viel weiter hinausgerückt ist. Das ist auch bei allen nachstehenden Ausführungen im Auge zu behalten.

der Germanen[1]) wird heute allgemein als irrig erkannt. Jene ihre Wanderungen haben wir uns nach der Analogie der großen Trekks der Buren zu erklären, die gleichfalls ihre Stammsitze infolge der Bedrohung durch äußere Feinde vorgeschoben, aber der festen Wohnsitze nie ermangelt haben. Das Beispiel der Buren und wieder andere Beispiele lehren zugleich, daß bei einem Volk die Viehzucht den Ackerbau überwiegen kann, ohne daß es deshalb Nomadencharakter zu haben braucht.

Als wertvollen Beweis gegen die Annahme eines germanischen Nomadentums hat man mit Recht auf die Kontinuität der Ortschaften in unserem Gebiet, wie sie sich von der neolithischen und Bronzezeit bis in die historischen Perioden nachweisen läßt, geltend gemacht. Hiermit ergibt sich zugleich eine Instanz für die richtige Deutung des Berichts, den Cäsar von der Landwirtschaft der alten Germanen bringt. Eine weitverbreitete Ansicht ist die, daß sie erst in dem Zeitraum von Cäsar zu Tacitus zu beträchtlicherem Ackerbau, wohl gar erst zur Seßhaftigkeit gelangt seien. Allein die tatsächliche Kontinuität der Ortschaften bedeutet doch schon die Seßhaftigkeit. Der Unterschied zwischen den Berichten des Cäsar und des Tacitus wird am besten durch die Voraussetzung erklärt, daß Cäsar Germanen schildert, welche auf einer Wanderung zu neuen Sitzen begriffen waren. Die von ihm geschilderten Verhältnisse, insbesondere also der **jährliche** Wechsel der Wohnsitze und der zugehörigen Feldmarken, sind nur als kriegerischer Ausnahmezustand zu deuten, während bei den Germanen auch schon in älterer Zeit, schon vor Cäsar, die seßhafte Lebensweise die Regel bildete. Die Germanen, die ihm vorschwebten, waren eben auf kriegerischer Wanderung begriffen: sie ziehen im Frühjahr immer weiter, bauen dann im Sommer an dem betreffenden Platz das Feld. Natürlich darf man Cäsars Bericht nicht pedantisch erklären: Voraussetzung wäre nicht, daß die Germanen gerade jedes Frühjahr zu neuer Wanderung aufbrachen. Deutet man aber seine Angaben auf einen kriegerischen Ausnahmezustand, so sind auch die Reflexionen, die er den Germanen über die Gründe ihres Verfahrens zuschreibt — falls man sie nicht lediglich als seine eigenen ansehen will —, verständlich.

---

1) Diese früher sehr verbreitete, dann zurückgetretene Theorie war vor einigen Jahrzehnten durch MEITZEN und LAMPRECHT erneuert worden, ist dann aber, wie angedeutet, höchst gründlich widerlegt worden. Vgl. die Literatur bei DOPSCH, Grundlagen, I, S. 57.

Gegen die Anschauung von einer leidlichen Bedeutung des Ackerbaues in der deutschen Urzeit läßt sich nicht die Schilderung des Tacitus verwerten, daß der normale Germane als „Bärenhäuter" gelebt habe, und daß die landwirtschaftlichen Arbeiten den schwächeren Mitgliedern des Hauses überlassen worden seien, soweit der Haushalt nicht gar durch die Lieferungen der Unfreien gestützt wurde. Man begeht an der pointierten Darstellung des Römers Pointenmord, wenn man sie ganz wörtlich nimmt. Er schildert das ungebundene, behagliche Naturleben des Germanen im Gegensatz zum geschäftigen Treiben des städtischen Römers. Und es entspricht auch durchaus den Verhältnissen, wenn der germanische Bauer als recht wenig tätig geschildert wird. Trat zunächst der Ackerbau gegenüber der Viehzucht — der sich, mit Melken und Hüten, die Frauen und Kinder annahmen — zurück, so war ferner für den Ackerbau ein Mindestmaß von Arbeit zu leisten: das Umpflügen des kleinen Ackerstückes erforderte wahrlich nicht viel Zeit; die Vermehrung der Pflugarbeiten gehört erst späteren Jahrhunderten an, wie auch die Düngung erst später mit Eifer betrieben wird. Der germanische Bauer blieb noch immer „Bärenhäuter", wenn er jene geringe Pflugarbeit besorgte.

Über den Weg, auf dem die Eigentumsverhältnisse an Grund und Boden erschlossen werden können, haben wir uns schon geäußert[1]), und wir haben uns auch bereits zu einer bestimmten Auffassung bekannt, zu der, daß die alten Germanen Gemeineigentum am Ackerland gehabt haben.

Haus und Hof waren Eigentum der einzelnen Familien. Dagegen das Ackerland stand im Eigentum der Gemeinde und wurde in gleichem Ausmaß den einzelnen Familien oder Haushalten nur zur Nutzung überwiesen. Nach einer gewissen Zeit nahm dann die Gemeinde das ausgetane Land wieder zurück und teilte es neu unter die Haushalte auf. Über die Perioden, nach deren Ablauf die Neuverteilung erfolgte, könnten wir uns nur durch das unsichere Mittel der Analogien unterrichten, da uns unmittelbare Nachrichten darüber nicht vorliegen. Es muß dahingestellt bleiben, wie lang die Perioden gewesen sind, und ob überhaupt die Haushalte eine feste Reihe von Jahren hindurch im Besitz des ihnen zugewiesenen Ackerstückes belassen wurden.

Die Auffassung, die wir hier vertreten, hat jedoch noch mit einigen sachlichen Schwierigkeiten zu rechnen. Wenn die — sagen

---

1) S. oben S. 2ff.

wir — schroff demokratische Theorie, daß die alten Germanen untereinander rechtlich und wirtschaftlich vollkommen gleichstanden, richtig wäre, so würden für die konsequent gleichmäßige Ackerverteilung keine Hindernisse bestanden haben. Allein wir haben uns genötigt gesehen, anzuerkennen, daß die Germanen einen (wenngleich wenig zahlreichen) Adel, der sich durch größeren Grundbesitz auszeichnete, hatten, daß die Bauern nicht über schlechthin gleichen Besitz verfügten, daß endlich die Unfreien ein besonderes Ackerstück bebauten, dessen Ertrag sie in Stand setzte, die erwähnten Dinge dem Herrn zu liefern. Wie reimen sich diese Verhältnisse mit der periodischen Ackerverteilung, die auf dem Grundsatz der Gleichmäßigkeit beruhte? Mehrfach ist die Meinung ausgesprochen worden, daß der Adel geschlossene, von der periodischen Neuverteilung ausgenommene, außerhalb der Ackerflur des Dorfes gelegene Edelhöfe besessen habe. Ein Prüfstein für die Richtigkeit dieser Ansicht wird darin liegen, ob in der späteren Zeit sich etwas von derartigen Bildungen entdecken läßt. Man glaubt in der Tat solche Sonderfelder einzelner Geschlechter nachweisen zu können[1]). In der Regel freilich setzt sich der große adlige Besitz später aus einer Mehrzahl von Bauerngütern zusammen. Wenn dies Verhältnis auch mehr oder weniger wesentlich Produkt einer Entwicklung ist, die wir an der Hand der historischen Quellen verfolgen können, so bleibt doch die Möglichkeit, daß diese Art des adligen Besitzes schon ursprünglich bestand. Der größere Grundbesitz des Adels der Urzeit würde dann mit der periodischen Neuverteilung des Ackerlandes in der Weise vereinigt worden sein, daß der adligen Familie eine Mehrzahl von Ackerlosen zugewiesen wurde. Dieselbe Erklärung ist vielleicht zulässig bei den Bauern mit größerem Besitz.

Wie aber stand es mit den Unfreien, die das ihnen überwiesene Grundstück bewirtschafteten? Gehörte dieses zu denen, die der periodischen Verlosung unterworfen waren? Man hat vermutet, daß der Unfreie ein halbes Los erhalten habe[2]). Wenn wir aber in der späteren Zeit neben den Vollhufnern zwar tatsächlich Halbhufner in der Gemeinde finden, so besteht doch zwischen den beiden Gruppen nicht der Unterschied, daß die Halbhufner

---

[1]) SERING, Schleswig-Holstein S. 253. Vgl. andererseits v. SCHWERIN, Art. Ornum in HOOPS Reallexikon.

[2]) WOPFNER, Art. Agrarverhältnisse im Mittelalter, Handw. d. St., 3. Aufl., Bd. 1 (1909), S. 191.

— wie die Unfreien, die Tacitus schildert — den Vollhufnern irgendwie dienen, ihnen Lieferungen zu machen haben; Halb- und Vollhufner stehen vielmehr einander parallel. Ein Dienstverhältnis besteht eher zwischen den Köttern und den Bauern (Voll-, Halb-, Viertelhufnern zusammen). So hat man denn auch die von Tacitus geschilderten Unfreien, die den freien Germanen gegenüber dienstbar sind, deren Kinder mit denen der Herren „inter eadem pecora, in eadem humo" aufwachsen, als Vorfahren der Kötter, Büdner, Häusler, Seldner, ihr Verhältnis wenigstens als einen Ursprung des späteren Köttertums gedeutet[1]). Für das Land der Kötter aber ist es charakteristisch, daß es nicht eine Ackerhufe in der eigentlichen Dorfflur einnimmt; vielmehr hat der Kötter ein Haus mit Land im Feldgarten. Es würde also nicht notwendig sein, daß wir uns jene Unfreien als eingeschlossen in den Kreis derjenigen vorstellen, die an der periodischen Verteilung des Ackerlandes beteiligt sind. Die Katenstellen der Unfreien würden dann auf dem Baugrund der bäuerlichen Hofstätte (der niederdeutschen „Wurt") errichtet (so daß sie als „Wurtsassen" erscheinen), und ihr Land als ihnen innerhalb jener Feldgärten überwiesen zu denken sein, die dicht am Dorf, an den Gehöften lagen und nicht der periodischen Aufteilung unterworfen waren. Man könnte sich die Taciteischen Unfreien wie die westfälischen Heuerlinge als auf dem Hof des Bauern mit ihren Katen und einem Stückchen Land unmittelbar dabei sitzend vorstellen. Allein es besteht für diese Deutung wiederum das Hindernis, daß ein Stück aus den Feldgärten schwerlich hingereicht haben wird, den Unfreien in Stand zu setzen, aus eigener Wirtschaft „frumenti modum aut pecoris aut vestis" dem Herrn zu liefern. Ein Heuerlings- oder Kötterland wäre zu gering dafür. Überdies ist das Dienstverhältnis, in dem etwa später Kötter zu Bauern stehen, doch nicht das von Tacitus geschilderte, daß es nur in Lieferungen, und zwar in beträchtlichen zum Ausdruck käme, vielmehr vorzugsweise das der Arbeit. Man kommt deshalb doch wohl zu der Auskunft, daß das Grundstück, das der Herr dem Unfreien zur Bewirtschaftung überwiesen hatte, dem Turnus der periodischen Verteilung unterworfen war. Es ging nicht unter dem Namen des Unfreien, sondern dem des Herrn, wie dieser es ja auch bald dem einen, bald dem anderen Unfreien überweisen konnte. Aber es war ein regelrechter Bauernhof, den der Unfreie bewirtschaftete. Die Angabe des Tacitus von

---

1) SERING, a. a. O. S. 243 und 253.

den sich gemeinsam tummelnden Kindern des Freien und des Unfreien kann auch auf das gemeinsame Spiel von Nachbarskindern bezogen werden.

Die Ungleichheit des Besitzes wird also mit der Gleichheit der Ackerloose in der Art in Einklang gebracht worden sein, daß den Reicheren eine Mehrzahl von Ackerloosen zugeteilt wurde.

Wir finden später in der deutschen Dorfflur die technisch sog. Gemengelage der Äcker: Die Ackerflur besteht nicht aus einem zusammenhängenden Ackerstück, sondern aus einer Mehrzahl von Stücken, in denen dann wieder jedes Gemeindemitglied, jeder Bauer einen Streifen hat[1]). Literarisch hat sich für diese Stücke der Ausdruck Gewann (von gewinnen = in Anbau nehmen) eingebürgert; andere historische Bezeichnungen sind: Kamp (dies Wort freilich auch in anderer Bedeutung), Lage.

Die Zahl der Gewanne, die eine Ackerflur bilden, hat sich im Laufe der Zeit vermehrt; eine Mehrzahl ist aber ohne Zweifel von Anfang an vorhanden gewesen. Wir nehmen an, daß bei der Begründung des Dorfes das Land an verschiedenen Stellen in Anbau genommen, also damals eine Mehrzahl von Gewannen begründet worden ist. In den einzelnen Gewannen erhielt dann jedes Gemeindemitglied einen Streifen. Weshalb aber erfolgte die Anlage der Dorfflur mit der Mehrzahl von Gewannen? und weshalb erhielt jedes Gemeindemitglied in jedem Gewann einen Streifen? Eine zusammenhängende Anlage machte sich infolge der Störungen, die Bodenerhebungen, Wälder, Gewässer boten, wohl nicht so leicht, und wenn einmal die Ackerflur aus verschiedenen Stücken bestand, dann empfahl der Grundsatz der Gleichstellung der einzelnen Gemeindemitglieder die Zuweisung von Streifen an sie in den verschiedenen Gewannen. Von demselben Grundsatz aus konnte die Rücksicht auf Unterschiede in der Bodengüte die Schaffung von mehreren Gewannen mit Zuweisung von Streifen an die Gemeindemitglieder in ihnen nahelegen. Freilich zwingen die Gesichtspunkte, die wir hier als bestimmend bei der Begründung der alten Dörfer annehmen, nicht zu der geschilderten Flureinteilung. Deutschland bietet selbst in seinem Flurenbild auch Beispiele von wirtschaftlicher Gleichstellung der Gemeindemitglieder ohne die Gewanneneinteilung, so in den

---

[1]) Es ist dies wenigstens annähernd der Fall; kleine Abweichungen lassen sich nicht abstreiten. Zu HENNING, Ztschr. f. deutsches Altertum u. deutsche Literatur, Anzeiger, Bd. 43 (1899), S. 241, vgl. MAX WEBER, Der Streit um den Charakter der altgermanischen Sozialverfassung, Jahrb. f. Nationalök. u. Stat., Bd. 83 (1904), S. 466.

später zu erwähnenden Dörfern mit fränkischen und flämischen Hufen. Wir müssen uns in der Ermittelung der Gründe für die historische Erscheinung bescheiden. Allein soviel dürfte unbestreitbar sein, daß die tatsächliche Gewanneneinteilung nur aus dem Wunsch einer selbständigen Gemeinde, ihre Gemeindeglieder einander gleichzustellen, verstanden werden kann. Obgleich dieser Wunsch auch in anderer Form sich erfüllen läßt, so ist doch die Gewanneinteilung nur als eine Form seiner Erfüllung zu begreifen. Wir erwähnten bereits im Vorbeigehen (vgl. oben S. 4) den Einwand, der gegen die Genossenschaftstheorie erhoben worden ist: den, daß die Gewanneinteilung einfacher Ausdruck des Fortschrittes im Anbau, ganz natürliche Folge der allmählichen Erweiterung des Anbaues durch Einbeziehung immer weiterer Teile des noch nicht angebrochenen Landes in die Ackerflur sei. Demgegenüber ist mit Recht bemerkt worden, daß eine solche Annahme wohl zunächst bestehe, in Wahrheit jedoch die Schwierigkeit des Problems erhöhe. „Das, was zu erklären ist, ist ja die gleiche Teilung der einzelnen Gewanne unter die einzelnen Bauernwirtschaften. Diese ist nun aber nicht etwa das, wirtschaftlich betrachtet, natürliche und zweckmäßige, sondern im Gegenteil etwas höchst auffälliges und wirtschaftlich irrationales, und zwar ganz besonders gerade dann, wenn man an eine allmählich fortschreitende Siedlung mit immer wieder erneuter gleicher Verteilung unter die schon vorhandenen Hufen denkt. Denn die Zahl der Hände und Mägen mußte ja notwendig, je länger je mehr, in den einzelnen Familien sich überaus verschieden entwickelt haben. Wenn trotzdem die Verteilung der neuen Stücke nach dem alten, vielleicht viele Generationen zurückliegenden Maßstabe erfolgt wäre, dann wäre gerade damit so schlagend wie möglich dargetan, daß nicht die wirtschaftliche ratio, sondern ein rechtlicher Gesichtspunkt: die Vorstellung gleicher Anteilsrechte der Genossen an der Flur, das maßgebende war. Gerade da, wo die Aufteilung der Dorffluren nach dem Maßstabe der Arbeitskräfte, des Bedarfs und der Leistungsfähigkeit, also nach rein ökonomischen Gesichtspunkten erfolgt — wie beim russischen Mir —, findet ungleiche Teilung der einzelnen Flurenabschnitte statt. Die gleiche Verteilung dagegen ist ein rein formales Prinzip. Die Form aber ‚ist die Feindin der Willkür, die Zwillingsschwester der Freiheit'. Der Umstand, daß bei der Teilung deutscher Fluren ein solcher sachlich irrationeller und formaler Gesichtspunkt zugrunde gelegt wurde, ist meines Erachtens geradezu eines der sichersten Anzeichen dafür, daß dieser Flurauteilung die Auffassung des Dorfes als einer geschlossenen Korporation zugrunde liegt, und daß sie Produkt der Autonomie, nicht grundherrlicher Oktroyierung ist. Es wird bei MEITZENS Ansicht sein Bewenden haben müssen, daß diese Fluraufteilung zum mindesten mit einem sehr hohen Maße von Wahrscheinlichkeit dafür spricht, daß es sich bei ihr ursprünglich um autonome Landverteilung zwischen unter sich gleichen bäuerlichen Flurgenossen handelt"[1]).

So glauben wir denn das Bild, das die Ackerflur der deutschen Gewanndörfer bietet, dafür deuten zu müssen, daß diese Gemengelage das ursprüngliche Verhältnis darstellt und daß sie ferner als das Werk einer autonomen Gemeinde von gleichberechtigten Mitgliedern zu verstehen ist. Die von Zeit zu Zeit stattfindende Neuverteilung des für den Ackerbau bestimmten Landes erfolgte nun eben, wie wir anzunehmen haben, in der Art, daß grundsätzlich den einzelnen Haushalten in jedem Gewann je ein Streifen zugewiesen, daß aber bestimmten Haushalten eine Mehrzahl von diesen Ackerstreifen zuerkannt wurde.

Die Haushalte, denen das Land von Zeit zu Zeit neu zugewiesen wurde, erhielten es zu Sondernutzung. Es liegt kein Grund zu der öfters geäußerten Meinung vor, daß eine gemeinsame Nutzung des Ackerlands durch die Gemeinde oder einen irgendwie bestimmten größeren Verband in historischer Zeit stattgefunden hat[2]); nur etwa als kriegerischer Ausnahmezustand wäre sie zu denken.

Anders stand es mit den Bezirken, die nicht für die Beackerung bestimmt wurden, den Wald-, Heide-, Weidegebieten, den Mooren. Hier fand insbesondere insofern eine gemeinsame Nutzung statt, als das Vieh der Gemeinde in gemeinsamer Herde auf die Weide getrieben wurde. In welcher Art die Waldnutzung in der

---

1) Vgl. MAX WEBER, a. a. O. S. 464. Ich teile im Text die Erörterungen WEBERS mit, weil sie die in Rede stehende Frage mit besonderer Energie erfassen.
2) Es kommt allerdings gemeinschaftliche Landarbeit der Bauern vor. Vgl. G. HANSSEN, Agrarhist. Abhandlungen 2 (1884), S. 188; O. SIEBECK, Der Frondienst als Arbeitssystem (Ztschr. für die ges. Staatsw., 13. Ergänzungsheft) (1904), S. 39f. Wesentlich aber handelt es sich dabei um nachbarliche Hilfeleistung, die keineswegs grundsätzlich von der ganzen Gemeinde, sondern auch von nur einem oder ein paar Nachbarn gewährt wird. Sie ist Unterstützung bei der Sonderwirtschaft. Wenn HANSSEN die gemeinschaftliche Besorgung der Heuernte auf Kommunionwiesen (mit nachfolgender Verlosung der Heuhaufen gleicher Größe) „als Überbleibsel der früheren auch auf das Feld sich erstreckenden Gemeinschaftlichkeit" ansehen will, so kann doch das, was für „Kommunionwiesen" gilt, nicht so leicht auf die Feld-, d. h. Ackerarbeit übertragen werden.

germanischen Urzeit geregelt war, ob für sie überhaupt eine genauere Regelung bestand, entzieht sich unserer Ermittelung; vielleicht galt nur der Grundsatz, daß sie ein Vorrecht der Gemeindemitglieder darstellte, ohne in dieser Hinsicht bestimmter begrenzt zu sein. Den Wald nutzten die Gemeindemitglieder — sofern er nicht als Weide diente (wobei namentlich die Bucheckern- und Eichelmast für die Schweine in Betracht kam) — als einzelne; aber doch nicht in der Art von Sondernutzung wie das Ackerland. Denn abgesehen davon, daß der einzelne im Wald nicht die vorbereitende Arbeit zu tun hat, die das Pflügen, Eggen, Säen bedeutet, so hat er am Wald nicht Anteil mit Ausschluß der anderen, sondern alle haben an ihm Anteil ohne Rücksicht auf etwaige Berechtigungen bestimmter einzelner. Damit erhält die Waldnutzung mehr den Charakter der gemeinsamen als den der Sondernutzung. Es ist sehr möglich, daß in der ältesten Zeit jedes Gemeindemitglied das Recht der freien Rodung im Gemeindewald hatte. Für die Nutzung der Gewässer, für die Fischerei, gilt das gleiche wie für die Nutzung der Weide.

Wir benennen die nicht zur Beackerung an die Gemeindeglieder überwiesenen Stücke mit den historischen Bezeichnungen Allmende und gemeine Mark, also die Weide-, Wald-, Heidegebiete, Flüsse und Moore. Die Wege des Dorfes und die nicht aufgeteilten Plätze in ihm gehörten gleichfalls dazu. Nach der Einbringung der Ernte erhielten auch die Äcker Allmendecharakter, insofern die Stoppelweide der Gemeindeherde zur Verfügung gestellt wurde.

Die Gemengelage der Äcker machte mit ihrem bunten Durcheinander aber auch noch einen Zwang nötig, der die Ackernutzung in ähnlicher Weise wieder etwas der Allmendenutzung nähert. Hätte jeder seine zerstreut liegenden Landstücke nach eigenem Belieben angebaut, so wäre das für ihn ebenso nachteilig gewesen wie für seine Genossen: er hätte, um zu seinem Feld zu kommen, über die Saat der Nachbarn fahren müssen und umgekehrt; bei den schmalen Streifen der Gewanne könnten Zufahrtswege nicht angelegt werden. Einem solchen Mißstand wurde durch den Flurzwang vorgebeugt; der einzelne ist bei der Bebauung seiner Landstücke an die Beschlüsse der Gesamtheit gebunden; er darf nur dann säen und ernten, wenn auch die Nachbarn es tun, nur dann, wenn die Gemeinde es beschließt. Der Flurzwang ist ein **notwendiges Korrelat der Gemengelage. Die Stoppelweide wird ebenfalls durch den Flurzwang gesichert.**

Nach dem, was wir über die Art, wie die Allmende genutzt wird, bemerkt haben, dürfen wir sagen, daß sie nicht bloß, wie das Ackerland, im Eigentum, sondern auch in der Nutzung der Gemeinschaft steht, wobei wir uns die Einschränkungen, denen diese Vorstellung zu unterwerfen ist, gegenwärtig halten. Das ganze Verhältnis des geschilderten Feldsystems pflegt man als Feldgemeinschaft zu bezeichnen. Doch wird dieser Ausdruck in verschiedenem Sinn und ohne sichere Anwendung gebraucht[1]). Wenn man strenge und laxe Feldgemeinschaft unterscheidet, könnte man jene Bezeichnung auf das von Cäsar geschilderte Verhältnis (gemeinsame Nutzung auch des Ackerlandes) anwenden, in welchem wir jedoch nur einen kriegerischen Ausnahmezustand sehen, die andere auf das, welches wir als den normalen Zustand der altgermanischen Zeit glauben ermitteln zu können (eine Gemeinschaft des Eigentums und der Nutzung für die Allmende; Gemeineigentum, aber Sondernutzung für das Ackerland, jedoch mit einer starken Bindung der einzelnen durch die Gemeinschaft, den Flurzwang). Von Feldgemeinschaft wird indessen, in bezug auf die gesamte Gemeinde, nicht mehr zu sprechen sein, seitdem das Sondereigentum am Ackerland sich ausgebildet hat; Allmende und Flurzwang reichen allein für sich nicht aus, um die Anwendung eines solchen Ausdrucks zu rechtfertigen. Auch das Wort Gemeinwirtschaft wird auf die Ge-

---

1) BRUNNER, Deutsche Rechtsgesch. I, 2. Aufl., 1906, S. 90, Anm. 35 versteht unter Feldgemeinschaft „Gemeinschaftseigentum am Ackerland". S. 87 nennt er das von Tacitus (und Cäsar?) geschilderte System „Feldgemeinschaft mit wechselnder Hufenordnung" oder „strenge Feldgemeinschaft"; s. auch S. 105. S. 280 aber wendet er auf das System, das schon das Sondereigentum am Ackerland kennt, doch noch das Wort Feldgemeinschaft („laxe Feldgemeinschaft") an — jetzt ist doch aber kein „Gemeinschaftseigentum am Ackerland" mehr vorhanden! BRUNNER nennt hier den Flurzwang „Feldgemeinschaft" und meint, daß dieser „an die Stelle der" (von ihm in jenem Sinn benannten) „strengen Feldgemeinschaft getreten" sei. Er bestand indessen doch schon gleichzeitig mit ihr. In HOOPS Reallexikon I, S. 48 wendet VINOGRADOFF im Art. Agrarverfassung (England) den Ausdruck Feldgemeinschaft auf das bloße System mit Gemengelage und Flurzwang an. Anders v. SCHWERIN, Art. Feldgemeinschaft, ebenda II, S. 20. Man könnte auch Feldgemeinschaft im weiteren Sinn (jede Art von Gemeinbesitz, also auch die Allmende) und im engeren Sinn (periodische Verteilung der Äcker) unterscheiden (s. m. Art. Feldgemeinschaft im Wörterbuch der Volkswirtschaft, 3. Aufl., I, S. 840); dann fiele das mittelalterliche Dorf (mit Sondereigentum der Äcker) aber auch nicht unter den Begriff Feldgemeinschaft, sondern nur ein Teil seines Systems, eben die Allmende. DOPSCH 1, S 72 versteht unter „strenger Feldgemeinschaft" die „gemeinsame Flurbestellung", unter „laxer" den Flurzwang. Von älteren Forschern vgl. O. v. GIERKE, Genossenschaftsrecht I (1868), S. 63 ff. WAITZ, Deutsche Verfassungsgesch. 1, 3. Aufl., S. 126 spricht über die Geschichte des Sprachgebrauchs.

meinde der ältesten Zeit, in der das Gemeineigentum an Ackerland bestand, zu beschränken sein[1]*).

Wir haben bisher schon von einer Gemeinde gesprochen. Eine Gemeinschaft setzen ja die Nachrichten des Tacitus voraus. Wenn wir als die in Betracht kommende Gemeinschaft eine Gemeinde ansehen, so geschieht es im Hinblick auf die später vorhandenen Verhältnisse. Es bleibt aber dann die doppelte Möglichkeit, sowohl an die ländliche Ortsgemeinde, das Dorf, die Bauernschaft, als auch an die Markgenossenschaft zu denken.

In historischer Zeit besteht zwischen beiden meistens das Verhältnis, daß eine Markgenossenschaft eine Mehrzahl von Dörfern umfaßt, eine Mehrzahl von Dörfern hat zusammen Anteil an einer gemeinen Mark, einer Allmende, freilich so, daß jedes Dorf für sich auch noch, wenngleich oft nur in bescheidenstem Maß, mit der Dorfstraße und dem Dorfanger, oft aber auch mit einem beträchtlichen Stück Wald und Weide, eine eigene Allmende hat. Wem sollen wir nun die Gemeinde der Urzeit gleichstellen, der Markgenossenschaft oder dem Dorf? Die Beantwortung der Frage ist von der Antwort auf die andere Frage abhängig, ob schon für die Urzeit Markgenossenschaften anzunehmen sind, welche eine Mehrzahl von Dörfern umfassen. Nach der sog. Urdorftheorie wäre dies nicht der Fall: sie greift aus den mehreren Dörfern eines heraus, um es für das Ur- oder Mutterdorf zu erklären und von ihm aus die anderen hervorgehen zu lassen. Gewiß wird die Gemeinschaft der Allmende bei manchen Dörfern diesen Ursprung haben. Indessen braucht zunächst die Anlage eines neuen Dorfes nicht immer von einem schon in der Mark vorhandenen Dorf er-

---

1) Vgl. WITTICH, Die Grundherrschaft in Nordwestdeutschland (1896), S. 133.

*) Es sei darauf hingewiesen, daß neuerdings diese These wiederum mit neuen Argumenten bestritten wird. So z. B. K. WÜHRER, a. a. O. S. 16, wo er im Hinblick auf die geographischen Bedingungen, die die frühesten Siedlungsplätze (Parklandschaften) boten, sagt: „Die Anlage großer Dörfer mit gleichen Landanteilen, Feldgemeinschaft, Felderwechsel und Gesamteigentum am Boden konnte da weder beabsichtigt noch möglich sein". Vgl. auch ebenda S. 17/18, S. 21, S. 29, S. 31 f., S. 55 ff., S. 73 ff. Sicher waren die Verhältnisse in diesen Gebieten sehr verschieden von denen, die sich dort herausbildeten, wo germanische Stämme bereits kultiviertes Land in Besitz nahmen, wie südlich der Donau, im Zehntland und westlich des Rheins. Vor Verallgemeinerungen ist also zu warnen. Ähnlich wie im Norden sind die Verhältnisse in (dem von den Römern nie berührten) Mitteldeutschland. Für das germanische Kernland, die dänischen Inseln vgl. schon P. LAURIDSEN, Den gamle danske Landsby, in: Aarbog for dansk Kulturhistory, 1899. Vgl. auch R. MARTINY, Hof und Dorf in Altwestfalen (Forschungen zur deutschen Landes- und Volkskunde. 24/5.) (1926).

folgt zu sein, sondern kann auch von außen stattgefunden haben. Vor allem aber hindert durchaus nichts die Annahme, daß „gleich bei der Ansiedlung mehrere Dorfschaften eine gemeinschaftliche Mark behalten haben" (WAITZ)[1]). Verhält es sich aber so, dann werden wir als die Stelle, welche das Eigentum am Ackerland hat und die Neuverteilungen an die Berechtigten vornimmt, die ländliche Ortsgemeinde ansehen, dieselbe, die ja auch in späterer Zeit den Flurzwang handhabt. Sie wird oft mit der Markgenossenschaft zusammengefallen sein. Wo es aber innerhalb derselben mehrere Ortsgemeinden gab, stand ihnen, im Gegensatz zu jener, das Grundeigentum am Ackerland zu.

Nur im Vorbeigehen widmen wir ein Wort der neuerdings viel erörterten, von uns schon bejahten Frage, ob die Urzeit Markgenossenschaften überhaupt bereits gekannt hat. Wenn gewiß unmittelbare Nachrichten über sie aus der ältesten Zeit nicht vorliegen, so läßt sich doch, falls irgendwo, so hier mit vollem Erfolg die Schlußfolgerung von den späteren Zuständen auf die früheren ziehen, um so mehr, als alle Annahmen von einem jüngeren und auf andere Dinge als die Landnahme durch eine freie Genossenschaft zurückgehenden Ursprung versagen. So die Meinung von der Begründung der Markgenossenschaft durch die Grundherrschaft[2])*), von ihrer Übernahme aus den römischen Einrich-

---

1) Vgl. G. v. BELOW, Art. Markgenossenschaft, im Handw. d. Staatswissenschaften, 3. Aufl., Bd. 6 (1910), S. 585.

2) Eine Ablehnung dieser Meinung und eine eingehende Begründung der Anschauung von einem hohen Alter der Markgenossenschaft bei WOPFNER, Beiträge zur Gesch. der älteren Markgenossenschaft, Mitteilungen des Instituts für österreichische Geschichtsforschung, Bd. 33 und 34 (1912 und 1913), und STÄBLER, Zum Streit um die ältere deutsche Markgenossenschaft, Neues Archiv für ältere deutsche Geschichtsforschung Bd. 39 (1914). Von den sehr zahlreichen Arbeiten der letzten Jahre, welche die Nachrichten des Mittelalters und der späteren Zeit über die Markgenossenschaften in monographischer Behandlung verwerten, seien als solche, welche zugleich den Fragen des Ursprungs der Marken Aufmerksamkeit widmen, genannt: F. VARRENTRAPP, Rechtsgeschichte und Recht der gemeinen Marken in Hessen, 1. Teil: Die hessische Markgenossenschaft des späteren Mittelalters (folgend abgekürzt: Markgenossenschaft) (1909), und L. IMGRANN, Zur Gesch. der Markgenossenschaften im unteren Maingau (Münstersche Dissertation von 1913).

*) Ferner: DEERMANN, Ländliche Siedelungs-, Verfassungs- und Wirtschaftsgeschichte des Venkigaues usw. (Forschungen zur Geschichte Niedersachsens. Bd. IV, Heft 2), 1912; H. SCHOTTE, Studien zur Geschichte der Westfälischen Mark und Markgenossenschaft mit besonderer Berücksichtigung des Münsterlandes (Münstersche Dissertation von 1907). Zu der in Anm. 2 genannten Arbeit von WOPFNER vgl. A. DOPSCH, Die Markgenossenschaft der Karolingerzeit. Mitt. d. Inst. f. österr. Geschichtsforschung, Bd. 34 (1913). Ferner: A. DOPSCH, Die Freien Marken in Deutschland, Brünn 1933. Vgl. auch

tungen[1]), von ihrer Zurückführung auf ein planmäßiges Vorgehen der fränkischen Beamten[2])*). Bei aller Beschränkung ihrer freien Bewegung und ihrer Rechte durch die Grundherren und Landesherren in späterer Zeit haftet in ihr doch so viel ursprüngliche Selbständigkeit, daß sie ebensowenig aus grundherrschaftlichem Interesse wie aus den verwaltungstechnischen Gesichtspunkten des staatlichen Beamtentums geschaffen oder dem römischen Zwangssystem entlehnt sein kann. Überdies ist die alte Dorfallmende in dem „ager compascuus" derjenigen römischen Zeit, die allein für uns hier in Betracht käme, nur noch in kümmerlichen Rechten erkennbar, während die deutsche Markgenossenschaft in all' den älteren Jahrhunderten, in denen wir ihre Tätigkeit verfolgen können, eine vollkräftige Einrichtung darstellt. Zuzugeben ist denen, die das hohe Alter der deutschen Markgenossenschaft bezweifeln, nur, daß die Begrenzungen und Berechtigungen sich im Lauf der Zeit mehr ausgebildet haben.

Lebhaft hat sich die Forschung mit der Frage beschäftigt, ob die Markgenossenschaft mit der Hundertschaft zusammengefallen sei. Es lassen sich in der Tat viele Beispiele dafür anführen, daß gerichts- und markgenossenschaftliche Bezirke sich in ihren Grenzen decken; freilich gibt es auch Beispiele anderer Art. Wir lehnen ein Eingehen auf diese Frage ab, da es sich um eine sachliche Identität doch nicht handeln würde, sondern nur um ein äußerliches Zusammenfallen[3]).

K. WÜHRER, a. a. O. S. 79. JOSEPH LAPPE, Die Bauernschaften der Stadt Geseke (Untersuchungen Gierke, 97), 1908; K. HAFF, Markgenossenschaft u. Stadtgemeinde in Westfalen, in: Vierteljahrschr. f. Soz. u. WG., Bd. 8 (1910).

1) Diese Ansicht vertritt DOPSCH 1, S. 344 ff.
2) RÜBEL, Die Franken, ihr Eroberungs- und Siedelungssystem im deutschen Volkslande (1904). Zur Kritik s. BRANDI, Gött. Gel. Anzeiger, 170. Jg. (1908), I. Bd., S. 1 ff. (hier auch weitere Literaturangaben); STUTZ, Sav.-Ztschr., Germ. Abt., Bd. 26, S. 357 ff.; DOPSCH, Grundlagen, Bd. I, S. 362 ff. passim; G. v. BELOW, Ztschr. f. Sozialwissenschaft, Bd. 9, S. 68 ff.
*) Zur Kritik an RÜBEL vgl. ferner G. CARO in Westdeutscher Zeitschrift, 24. Jahrg. (1905); H. BRUNNER, Deutsche Rechtsgeschichte, Bd. I, 2. Aufl., S. 282, Anm. 10. REUTTER, Jahrb. f. Landeskunde v. Niederösterreich, N. F., X, 1912, S. 1 ff. Völlig auf Seiten RÜBELs von Anfang an z. B. PAUL HÖFER, Die Frankenherrschaft in den Harzlandschaften, Zeitschr. d. Harzvereins f. Gesch. u Alt., 40. Jahrg. (1907). Man stößt zuweilen auch wieder auf mehr zustimmende Äußerungen; so z. B. O. BETHGE, Fränkische Siedelungen in Deutschland, „Wörter u. Sachen", Bd. VI, 1914/15, S. 67 Anm. 2. Es sind aber wohl nur Teile seiner Gedanken zu retten.
3) Zu dieser Frage vgl. STÄBLER, a. a. O. S. 705 u. 723 ff.; v. SCHWERIN, Die altgermanische Hundertschaft (Gierkes Untersuchungen. 90.) (1907), S. 101; DOPSCH, a. a. O. S. 255.

Wir haben gesehen, daß der Anteil des Gemeindemitglieds an der Gemeinde sich in drei Teile zerlegt: es hat Haus und Hof im Dorfbering zu Eigentum, erhält je einen Ackerstreifen in den verschiedenen Gewannen der Dorfflur zu Sondernutzung und hat Anteil an der Allmendenutzung. Diese drei Stücke bilden zusammen die Hufe des Gemeindemitglieds*). Die Hufe ist von Haus aus kein äußeres Maß. Sie bedeutet den normalen Besitz des freien Germanen, so viel, als nötig ist, ihm den Unterhalt zu sichern. Eben weil die Hufe von Haus aus kein äußeres Maß ist, sondern eine wirtschaftliche Größe, begegnet sie uns später in verschiedenem Umfang, lokal und sachlich verschieden bestimmt.

Die Hufe ist jedoch nicht an die Form der Ackerstreifen in den Gewannen der Dorfflur gebunden. Indem wir dies feststellen, haben wir eine beträchtliche, fast berichtigende Ergänzung zu unserer Darstellung vorzunehmen. Wir bemerkten, daß Gemeineigentum am Ackerland und von Zeit zu Zeit neue Überweisung der Ackerstücke an die Gemeindemitglieder stattfanden. Dies gilt zunächst für diejenigen Gemeinden, welche die Dorfform haben. Sie bilden allerdings die ganz überwältigende Mehrheit auf deutschem Boden.

Den Gegensatz zu der Dorfform, den Gemeinden mit mehr oder weniger dicht beieinander stehenden Gehöften der Gemeindemitglieder, bildet die Ortschaft, die sich aus Einzelhöfen zusammensetzt. Sie kommt nur in Gebirgsgegenden und im niederrheinisch-westfälischen Gebiet, hier aber schon nicht vollständig herrschend, vor. Der Einzelhof liegt meistens annähernd in der Mitte des zu ihm gehörenden Ackerlands. Es sind zweifellos überwiegend wirtschaftlich-geographische Gründe, welche in jenen beiden Gegenden zur Begründung von Einzelhöfen geführt haben. Wenn man den Unterschied der Siedlungsweise auf nationale Eigentümlichkeiten

---

*) Damit stellt sich G. v. BELOW auf den Boden der Lehre von der freibäuerlichen Hufe und lehnt (ohne das ausdrücklich zu sagen) die Ansicht von der grundherrlichen Entstehung der Hufe ab, wie sie namentlich von G. CARO vertreten ist. Meine eigenen diesbezüglichen Untersuchungen im binnendeutschen Raum haben entgegen der bisherigen Annahme den unzweideutigen Beweis erbracht, daß die Hufe ausgesprochenermaßen im Rahmen grundherrlicher Verhältnisse entsteht und auch keineswegs in die Urzeit zurückgeht. Vgl. FR. LÜTGE, Die Hufe in der thüringisch-hessischen Agrarverfassung der Karolingerzeit, in SCHMOLLERS Jahrbuch, 61. Jahrg., 1937, Heft 1. Dort findet sich auch ein Nachweis der sonstigen einschlägigen Literatur, weswegen hier auf deren Ausführung verzichtet werden kann. Vgl. jedoch noch KARL WÜHRER, a. a. O. S. 90 ff. und die dort angegebene Literatur; ferner FR. LÜTGE, Hufe und Mansus in den mitteldeutschen Quellen der Karolingerzeit, im besonderen in dem Brevarium St. Lulli, in: Vierteljahrschr. f. Soz. u. Wirtschaftsg., 1937.

zurückgeführt, insbesondere die Form der Ortschaften, die sich aus Einzelhöfen zusammensetzen, als eine von den Deutschen übernommene keltische Siedlungsform gedeutet hat[1]), so liegt es uns völlig fern, das irrationelle Moment der nationalen Anlagen und Neigungen aus den historischen Erklärungen auszuschalten. So wenig, daß wir vielmehr die Dorfsiedlung als deutsche Sitte erklären, wobei wir freilich annehmen, daß greifbare praktische Vorteile, so der größeren Sicherheit, sie mit empfahlen. Von dem Dorfsystem ist man nur abgewichen, wo besondere Gründe es nahe legten. Dies war der Fall in den Gegenden mit höheren Gebirgen (in Süddeutschland und in der Schweiz), wo oft genug das Areal für die zusammenhängende Ortschaft fehlt[2]). Auf keltischen Ursprung können die deutschen Einzelhöfe nicht zurückgeführt werden, weil die niederrheinisch-westfälischen Bezirke, in denen sie vorkommen, nicht als besonderes Keltenland (etwa im Gegensatz zum Mittelrhein- und Maingebiet, wo die Kelten weit dichter gesessen hatten) angesehen werden können, und weil ferner überhaupt die Kelten den Einzelhof keineswegs einseitig bevorzugt haben[3]). Es ist einstweilen schwierig, einen ganz einleuchtenden Ursprung der niederrheinisch-westfälischen Einzelhöfe zu erkennen. Die Erklärung aus wirtschaftlichen Gründen, die man hier versucht hat[4]), wird noch gründlicherer Nachprüfung bedürfen [*]).

---

1) So MEITZEN mehrfach, zuletzt in seinem großen Werk.

2) Über Serbien, wo sich das Hofsystem auch im Gebirge, Dörfer in den Tälern und Ebenen finden, s. C. JIRECEK, Staat und Gesellschaft im mittelalterlichen Serbien II (1913), S. 31. Über die Abhängigkeit der Siedlungsform von den natürlichen Verhältnissen vgl. ferner DOPSCH, Grundlagen, 1, S. 297.

3) Vgl. HENNING, a. a. O. HENNING macht geltend, daß, wenn wir in Irland und Wales die Einzelhöfe finden, sie von einer Bevölkerung stammen können, die hier von den Kelten unterjocht worden war (nach den Forschungen ZIMMERS). Zur Kritik der Theorie MEITZENS vgl. neuerdings auch DOPSCH, Grundlagen, 1, S. 210, 212, 269f., 283. Der Grundherrschaft einen besonderen Einfluß auf die Bevorzugung der Einzelhöfe zuzusprechen (DOPSCH, Grundlagen, 1, S. 270), liegt kaum ein Anlaß vor.

4) K. TH. V. INAMA-STERNEGG, Untersuchungen über das Hofsystem im Mittelalter (1872); Deutsche Wirtschaftsgeschichte, 1, 2. Aufl. (1909), S. 45 ff.

[*]) Vgl. dazu jetzt die Ausführungen von KARL WÜHRER, a. a. O. S. 22 ff., S. 55 ff., passim; E. HABERLANDT, Die volkstümliche Kultur Europas, in: Illustrierte Völkerkunde, hrsg. von G. BUSCHAN, 2. Teil, Stuttgart 1926, S. 398; A. HELBOK, Zur Frage der germanischen Wirtschaftskultur, in: Vierteljahrschr. f. Soz. u. W. G., Bd. 22 (1929); W. SCHULZ, Staat und Gesellschaft in germanischer Urzeit (1926); R. MIELKE, Siedelungskunde des deutschen Volkes (1927). FR. STEINBACH, Gewanndorf u. Einzeldorf, a. a. O. Alle diese Schriften kommen doch in weitgehender Übereinstimmung zu der Ansicht, daß in frühgermanischer Zeit das Einzelgehöft oder Weilersiedlung vorherrschend war und erst die spätere Bevölkerungsverdichtung zum Dorf-

Die Gegenden mit Einzelhöfen kennen nun auch die Hufe. Wie jedoch steht es bei ihnen mit der Lage der Äcker? Wenn der Hof von den ihm gehörenden Äckern umgeben ist, wenn, wie etwa in den Gebirgen, eine Fläche gerade noch ausreicht, Raum für Hof und Land zu liefern, dann kann von einer Gemengelage der Äcker keine Rede sein, und für Ortschaften mit solchen Einzelhöfen werden wir auch schwerlich ein Gemeineigentum der Ortschaft am Ackerland und Neuaufteilungen an die Mitglieder annehmen dürfen. Es hätte ja keinen Sinn gehabt, den Höfen das eine Mal nahegelegene Stücke, das andere Mal Stücke, die bei einem anderen Hof liegen, zu überweisen. Es müßte denn sein, daß die Neuverteilung nur zu ganz kleiner Grenzregulierung stattfand, für welchen Zweck aber wahrlich nicht ein Zusammenwerfen des gesamten Ackerlandes erforderlich wäre. Hiernach werden wir an unserem Satz, daß in der deutschen Urzeit Gemeineigentum am Ackerland mit wechselndem Hufenbesitz bestanden hat, eine entsprechende Einschränkung zu machen, d. h. örtliche Ausnahmen zuzulassen haben. Freilich scheint die Lage der Einzelhöfe in ihren Ortschaften nicht überall die Gemengelage der Äcker auszuschließen[1]).

---

system übergeleitet hat; vereinzelte frühere Dorfsiedlungen sind besonderen Umständen zuzuschreiben (Schutzbedürfnis usw.) (vgl. WÜHRER, a. a. O. S. 36f. u. S. 69f.). In den genannten Arbeiten finden sich überall weitere Literaturangaben. Vgl. auch die Anmerkung *) auf S. 5.

1) Das verstorbene Mitglied der Münsterschen Generalkommission Geh. Regierungsrat M. PFEFFER V. SALOMON macht in den von E. Frhr. v. KERCKERINCK ZUR BORG herausgegebenen „Beiträgen zur Geschichte des westfälischen Bauernstandes" (1912), S. 368f. folgende Mitteilungen: „Zeigt sich die Gemengelage der Parzellen ausgesprochen überall in den Gebieten der Gewannendörfer, so ist sie doch, wenn auch nicht so allgemein, im Gebiete der Einzelhöfe ebenfalls vorhanden. Gerade die ältesten Äcker im Gebiete der Einzelhöfe sind, genau wie anderswo, in Gewanne eingeteilt. Es sind das die sog. Esche, die trockenen Sandrücken, die sich aus den nassen Niederungen des nördlichen Westfalens erheben. Sie haben seit ihrer Urbarmachung in den ältesten Zeiten bis in die Neuzeit hinein fast ausschließlich dem durch keinen Fruchtwechsel unterbrochenen Roggenbau gedient, während die um sie herum in der Niederung gelagerten, mit Wallhecken umgebenen Kämpe erst in späterer Zeit der Mark entnommen sind. In den Eschen liegt der Besitz der Einzelnen in viele Parzellen zerstreut, im Gemenge und ohne besondere Zuwege, wie bei den Gewannendörfern". Dazu Anm. 2: „In Landesbeschreibungen von Westfalen liest man zwar oft, der westfälische Einzelhof liege stets inmitten seiner von Wallhecken umgebenen Felder. Das ist aber ein Irrtum.... Wohl finden sich hier Höfe, die inmitten ihrer Kämpe liegen; aber das ist weitaus die Minderzahl, und gerade sie sind, wie schon ihre Lage auf dem schweren, erst durch Entwässerung urbar gemachten Kleiboden zeigt, die jüngsten Ansiedlungen und entstammen einer Zeit mehr als tausend Jahre später, nachdem die Kelten aus Westfalen verschwunden waren" (Hinweis auf MEITZENs Theorie!). Die Frage ist auch früher schon geprüft worden;

Wir haben aber noch weiterer abweichender Siedlungsformen zu gedenken. Vom Dorf unterscheidet sich der Weiler, als kleinere Ansiedlung, von nur ein paar Gehöften. Bei ihm ist die Gemengelage weniger scharf ausgeprägt als bei den großen Dörfern. Die Frage, ob wir für die Weiler in der alten Zeit Gemeineigentum am Ackerland anzunehmen haben, scheidet vielleicht dadurch aus, daß wir für die Weiler eine jüngere Entstehung vermuten dürfen[1]*). Im Gegensatz zum Gewanndorf steht ferner das Dorf, bei dem das Ackerland des Gehöfts in starker Breite beieinander liegt und unmittelbar auf dieses aufstößt, wie wir es später in den zahlreichen Ortschaften mit fränkischen (Königs-) und flämischen Hufen im kolonisierten Slavenland beobachten. Nachweisbar sind solche Langhufen seit der Karolingerzeit; sie dürften auch ihrer Bestimmung nach nicht in die älteste Zeit zurückreichen und und darum dürfte die Frage, ob die von ihnen eingenommenen Flächen der periodischen Neuverteilung unterworfen gewesen sind, gleichfalls ausscheiden.

In diesem Zusammenhang widmen wir noch den durch Rodung von Einzelnen gewonnenen Ländereien ein Wort. Wenn es den einzelnen Gemeindemitgliedern, wie wir annahmen, gestattet war, nach Belieben Rodungen im Wald der Allmende vorzunehmen, so entstand auf diesem Weg doch wohl meistens Besitz, der getrennt von dem in Gewanne eingeteilten Ackerland lag und daher schwerlich in die periodische Aufteilung mit einbezogen wurde. Man könnte nun glauben, daß die Bauern in Menge und bis zum Überfluß in den Wald gezogen seien, um für ihren Sonderbesitz Land zu roden, und daß so schnell Land entstand, welches das im Gemenge liegende und der Verteilung unterworfene überflügelte. Wenn aber die später nachweisbaren Ackerfluren etwas derartiges nicht erkennen lassen, wenn vielmehr die Hauptmasse des Ackerlandes

---

vgl. H. v. SYBEL, Entst. des deutschen Königtums, 2. Aufl. (1881), S. 28, Anm. 2; O. v. GIERKE, Genossenschaftsrecht 1, S. 70, Anm. 33; WAITZ, Verfassungsgesch. 1, 3. Aufl., S. 132, Anm. 1. Da diese Verhältnisse wohl noch näherer Feststellungen bedürfen, äußere ich mich über sie im Text mit Vorbehalt. Vgl. auch JELLINGHAUS bei RÜBEL, Die Franken, S. 450f. WAITZ würde durch PFEFFER V. SALOMON gegenüber v. INAMA-STERNEGG, Untersuchungen über das Hofsystem im Mittelalter (1872), S. 76ff., gerechtfertigt werden.

1) Vgl. KÖTZSCHKE, S. 70.

*) Diese These wird neuerdings mit guten Gründen bestritten. Außer WÜHRER vgl. z. B. FRANZ STEINBACH, Gewanndorf und Einzelhof, in: Historische Aufsätze, Aloys Schulte zum 70. Geburtstag, 1927, S. 44ff., bes. S. 53ff., wozu auch STEINBACH, Beiträge zur bergischen Agrargeschichte (Rhein. Archiv, Bd. I), 1922, u. TH. ILGEN, Die Grundlagen der mittelalterlichen Wirtschaftsverfassung am Niederrhein, in: Westdeutsche Zeitschrift, Bd. 32, 1913 u. a. m.

erkennbar im Gemenge gelegen hat, so werden wir anzunehmen haben, daß die Bauern keine erhebliche Neigung besaßen, abseits von der normalen Dorfflur Land urbar zu machen. Es wäre auch immer ein abgelegenes Ackerstück gewesen, das der einzelne damit erwarb. Die Rodungen der ältesten Zeit werden überwiegend Rodungen gewesen sein, welche die Gemeinde als Ganzes zum Zweck der Herstellung neuer Gewanne anlegte.

Wir haben uns hierbei aber auch gewiß an die Ergebnisse der archäologischen Feststellungen zu erinnern, daß bis zum Beginn der fränkischen Periode in Deutschland wenig gerodet worden ist und wenig gerodet zu werden brauchte. Das Roden wurde dem Menschen jener Zeit nicht leicht. Die früher verbreitete Vorstellung, daß die alten Germanen in einem dichten Waldgebiet lebten, in dem sie durch beständige Rodungen sich Luft schaffen mußten, hat sich als unhaltbar erwiesen. Den Boden Europas darf man sich für die Zeiten des germanischen Altertums nicht als eine zusammenhängende, nur von kleinen, sporadischen Rodungsflächen mehr oder weniger gleichmäßig durchbrochene Waldlandschaft vorstellen. Es haben vielmehr neben unbewohnten oder nur äußerst dünn bewohnten großen und geschlossenen Waldgebieten, deren Umfang man noch heute annähernd bezeichnen kann, schon in sehr alter Zeit reichlich besiedelte offene Landschaften von ebenso bedeutendem Umfang bestanden. Diese offenen Gebiete, innerhalb deren sich die Ansiedlungen allmählich ausgedehnt haben werden, decken sich weithin mit ehemaligen Steppenlandschaften (paläontologisch, pflanzengeogroaphisch[1]) *).

Immerhin bleibt es möglich, daß es neben dem in Gewanne eingeteilten und der periodischen Verteilung unterworfenen Ackerland solches gab, welches, durch Rodung Einzelner gewonnen, abseits davon lag und darum im Sondereigentum sich befand. Es ist ferner wahrscheinlich oder gar sicher, daß, wenn nicht alle, so doch viele Ortschaften mit Einzelhofsystem die Neuverteilung des Ackerlandes, die wechselnde Hufenordnung, nicht gekannt haben. Wir finden es auffällig, daß bei einem Volk, das durchweg wesentlich gleiche Kulturbedingungen hat, nebeneinander so ganz verschiedene

---

1) GRADMANN, Das mitteleuropäische Landschaftsbild, Geographische Zeitschrift, Bd. 7 (1901); vgl. ebenda Bd. 12 (1906), S. 305 ff. WOPFNER, Beiträge, S. 596 f., S. 606. SCHLÜTER, Art. „Deutsches Siedlungswesen", in HOOPS Reallexikon 1, S. 405.

*) Vgl. für ein Teilgebiet (von allerdings besonderer Bedeutung) den Mitteldeutschen Heimatatlas. Hrsg. von der Landesgeschichtlichen Forschungsstelle (Historische Kommission) für die Provinz Sachsen u. Anhalt, 1935 ff.

Eigentumsordnungen bestehen. Wir werden uns indessen damit abzufinden haben, daß abweichende natürliche Verhältnisse die Verschiedenheit hervorgebracht haben*).

Die vorstehenden Erörterungen zeigen uns nun zugleich, daß das Wesen der Hufe nicht an die Gewanneinteilung geknüpft sein kann. Die Hufe ist nur ganz allgemein das echte Bauernland. Wenn wir sagten, daß eine Hufe so viel Ackerland umfassen muß, um eine bäuerliche Familie zu unterhalten, so könnte man sich demgegenüber darauf berufen, daß in späterer Zeit oft mehrere Hufen den normalen bäuerlichen Besitz ausmachen, und auch darauf, daß eine Hufe zu klein für den Unterhalt einer Familie sei (zumal bei dem wenig intensiven Ackerbau der Urzeit). Allein der Ackerbau spielte ja in der Wirtschaft des alten Germanen nicht die Hauptrolle, sondern die Viehzucht. So konnte denn auch das geringere Ackerland ausreichen, da ja der Bauer die sehr große Weide der Allmende zur Verfügung hatte. Es ist aber auch eine sekundäre Frage, ob der Bauer eine oder zwei Hufen (nach späterem Maß) erhielt. Das Entscheidende beim Hufenbegriff ist, daß die Hufe das Land des echten Gemeindemitgliedes darstellt. Der Bauer hat Hufenland; andere Insassen der Gemeinde — so die Kötter — haben, wenn überhaupt Land, andersartiges Land. Natürlich ist den Zeitgenossen der Begriff der Hufe in deutlicheres Bewußtsein erst mit dem Aufkommen der Kötter und ihrer Vermehrung getreten. Solange es nur eine Art von Gemeindeinsassen, nur Bauern, solange es nur bäuerlichen Besitz gab, war der Begriff der Hufe latent.

Die Hufe läßt sich nicht oder wenigstens nicht in häufigem Gebrauch für alle deutsche Landschaften nachweisen. Vielerorts überwiegt der Gebrauch eines kleineren Maßes, etwa des Morgens oder der Schupposen[1]). Allerdings kommen die Nachrichten, auf die wir diese Beobachtungen stützen, aus einer späteren Zeit; es bleibt möglich, daß in den betreffenden Gegenden inzwischen eine solche Zersplitterung des Grundbesitzes eingetreten war, daß die An-

---

*) Diese Schwierigkeit besteht nicht für die grundherrliche Hufe mit ihrer sehr viel späteren Entstehungszeit und für jene Forscher, die die gemeinwirtschaftliche Grundlage für das Sozialleben der Urzeit aufgegeben haben. Vgl. dazu die Anmerkungen oben S. 5, S. 18 u. 21.

1) Über die Verbreitung der Hufen vgl. SERING, S. 255 ff; SWART, Zur friesischen Agrargeschichte (1910), S. 156 ff; DOPSCH 1, S. 296 u. S. 342. Über das Aufkommen und das Wesen der Schupposen s. JOH. KÜHN, Das Bauergut der alten Grundherrschaft (Leipziger philos. Diss. 1912), S. 9 ff. und S. 81.

wendung des größeren Maßes der Hufe praktisch überflüssig gemacht wurde. Allein es scheint sich doch, wenigstens hier und da, um einen ursprünglichen Unterschied zu handeln. Wir würden indessen einen solchen nicht als irgendwie wesentlich für die Agrarverfassung der Zeit anzusehen haben. Denn nicht auf die Größe des Maßes, ob Hufe, ob Morgen, kommt es an: man konnte ja das Bauernland auch mit dem kleinen Maß des Morgens messen. Der beherrschende Gegensatz liegt in dem Unterschied von Bauernland und Kötterland[1]). Kötter sind diejenigen Besitzer, welche keinen Ackerbesitz auf der Dorfflur haben, sondern nur Haus- oder Feldgärten, Land zwischen den Gewannen, wo etwa gerade ein Stück in Zwickelform verfügbar war, das nicht in Äcker eingeteilt werden konnte; oder das Land der Kötter liegt auf früherem Gemeindeland, ist durch Rodung oder durch Urbarmachung von Weideland gewonnen. Jedenfalls liegt es außerhalb des flurlich benutzten Bodens. Der Ackerbesitz des Kötters, „mochte er auch 30 Morgen und mehr umfassen, war der Flurverfassung nicht als Hufe bekannt, sondern als unbenanntes, zufälliges Konglomerat von einzelnen Ackerstücken. Die Kötterei war ein Haus im Dorf mit Haus- und Feldgarten, Rodland und mehr oder weniger Ackerland auf der Feldflur, aber ohne Ackerhufe"[2]).

Man spricht von der Hufenverfassung der alten deutschen Gemeinde, und in dem Sinn, in dem wir es dargelegt haben, baut sich diese in der Tat auf jener auf. Oft sind jedoch mit dem Wort Hufenverfassung unhaltbare Vorstellungen verbunden worden. Man geht zu weit, wenn man sagt: „Die Sitte, alle privaten wie öffentlichen Zinsungen, Abgaben und Leistungen bis zum Heerbann hinauf nach der Wirtschaftseinheit der Hufe oder deren Bruchteilen festzustellen, beherrschte das gesamte deutsche Agrarwesen vom

---

1) Der erste, der mit vollkommener Klarheit das Wesen des Kötters geschildert hat, ist wohl G. F. KNAPP, Die Bauernbefreiung und der Ursprung der Landarbeiter in den älteren Teilen Preußens (1897), 1, S. 12. Vgl. ferner meine Landst.Verf. in Jülich und Berg III, 1 (1890), S. 27, in Ztschr. f. Aachener Gesch. 24 (1902), S. 240. WITTICH, Grundherrschaft in Nordwestdeutschland, S. 98 ff; SERING, S. 232 ff.; DOPSCH 1. S. 283, 285, 290. Meine Bemerkung in Vierteljahrschr. f. Soz. u. WG. 13, 1916, S. 208. WITTICH, S. 99, Anm. 1: Durch Rodung vermehren die Kötter ihr Land, außerhalb der dem Flurzwang unterworfenen Feldflur. Über den Unterschied der Kötter, Büdner, Häusler, Brinksitzer s. KNAPP u. WITTICH a. a. O., SERING, S. 242, WITTICH, S. 101 f.: Die Brinksitzer (seit dem 16. Jahrh.) setzen sich auf Allmendeboden an; auch sie roden (S. 105). Über den Ursprung der Kötter s. insbesondere SERING und DOPSCH. Beide weisen sie schon der Urzeit zu. Vgl. dazu oben S. 9.

2) WITTICH, S. 99 f.

frühen Mittelalter bis auf die Neuzeit"[1]). Öffentliche Abgaben, insbesondere Steuern, sind dem frühen Mittelalter auf deutschem Boden unbekannt; auch später ruht die Besteuerung keineswegs unbedingt und überall auf der Hufe. Die Heerespflicht ferner hat nie auf der Hufe als solcher oder überhaupt auf dem Grundbesitz geruht; Nachrichten aus der karolingischen Zeit, die man dahin gedeutet hat, sind nur als Zweckmäßigkeitsanordnungen für den konkreten Einzelfall zu verstehen. Im übrigen ist es richtig, daß die Hufe lange Zeit eine Grundlage in dem wohl größten Teil Deutschlands für grundherrliche Beziehungen und wohl überall die Grundlage für die Gemeindeverfassung gebildet hat.

---

[1] So MEITZEN. Vgl. dagegen meinen Art. Hufe, Hufenverfassung, im Wörterbuch d. Volksw., 3. Aufl., Bd. I, S. 1329 (1911).

B. Die technische Seite der Landwirtschaft.

Dem Verhältnis, daß bei den alten Germanen die Viehzucht den Ackerbau überwog, entspricht das Betriebssystem, welches sie aller Wahrscheinlichkeit nach gehabt haben: die rohe oder wilde Feldgraswirtschaft. Im Gegensatz zur geregelten Feldgraswirtschaft wird das Land eine unbestimmte Zahl von Jahren zum Getreidebau benutzt und ebenso eine unbestimmte Zahl von Jahren dem ohne menschliches Zutun aufkommenden Graswuchs überlassen und als Weide verwendet. Die Feldgraswirtschaft begünstigt die Viehhaltung, läßt dagegen den Getreidebau zurücktreten.

Wenn die Germanen auf umfangreiche Weidegebiete Gewicht legten, so ist es andererseits bezeichnend, daß sie nach Tacitus Wiesen noch nicht kannten.

Für die Auflockerung des urbaren Landes zur Ackerbestellung bedienten sie sich nicht bloß der Hacke, sondern schon des Pfluges. Zu Plinius' Zeit kannten sie neben dem alten indogermanischen Hakenpflug einen vollkommeren schweren Räderpflug mit zweischneidiger breiter Schar, der den Boden nicht nur auflockerte, sondern zugleich umwendete, einen Pflug, wie ihn die Römer damals noch nicht besaßen[1]*). Die Egge war den Germanen gleichfalls bekannt; sie wurde ebenso wie der Pflug von Ochsen gezogen.

Die eben gemachten Bemerkungen zeigen, daß die Germanen in der Technik der Ackerwerkzeuge von den Römern kaum etwas lernen konnten. Auch im Getreidebau bekundet sich ihre

---

[1] Hoops, Art. Ackerbau, in seinem Reallexikon 1, S. 18 ff. Über die Frage, ob den alten Germanen ein Räderpflug bekannt gewesen ist, vgl. ferner RACHFAHL, Zur Gesch. des Grundeigentums, Jahrb. f. Nationalök. u. Stat., Bd. 74 (1900), S. 189 und 193; M. WEBER, Der Streit um den Charakter der altgerm. Sozialverfassung, ebenda, Bd. 83 (1904), S. 443; KÖTZSCHKE, a. a. O. S. 31.

*) Vgl. ferner neuerdings: G. WILKE, Archäologische Erläuterungen zur Germania des Tacitus (1921), S. 43 f ; M. BLOCH, Les caractères originaux (1931), S. 55; A. DOPSCH, Grundlagen der europäischen Kulturentwicklung, 2. Aufl., Bd. I, S. 60; K. WÜHRER, a. a. O. S. 93; J. BECKER-DILLINGEN, Quellen u. Urkunden zur Geschichte des deutschen Bauern (1935), S. 162 ff.

Selbständigkeit. „Sie entlehnten keinen einzigen Getreidenamen von den Römern, weil diese ihnen keine neuen Sorten zu bieten vermochten. Während von den Germanen schon in vorrömischer Zeit Weizen, verschiedene Spelzarten, Gerste, Hirse, Hafer und Roggen gebaut wurden, sind Hafer und Roggen den Römern erst durch ihre Berührung mit den Nordvölkern bekanntgeworden"[1]). Altgermanisch sind die feldmäßig im großen angebauten Pflanzen, namentlich unsere sämtlichen Halmfrüchte[2]). Auch eine Reihe der nahrhaftesten Gemüsearten, Erbse, Bohne, Lauch, Möhre, Rübe, Kürbis, sowie der Mohn und die wichtigsten Pflanzen der Technik, Flachs, Hanf und Waid (Farbkraut, das bis zur Einführung des Indigo eine maßgebende Rolle gespielt hat), waren entweder allen oder wenigstens den Südgermanen längst vor Ankunft der Römer bekannt[3]). Dagegen verdanken die Germanen den Römern den feineren Gartenbau. Die Küchengewächse (Kohl, Gurke, Zwiebel usw.) führen denn auch ebenso wie alte Zierpflanzen (Rose, Lilie) lateinische Namen. Das Wort Garten ist nicht römischen Ursprungs; aber der urgermanische Garten war wohl in erster Linie ein umhegter Viehhof, in dem nur nebenher auch etwas gepflanzt werden mochte. Die Gemüse wurden wie Flachs und Hanf in den Feldgärten gebaut. Ganz römisch ist ferner der Obstbau der Germanen, vom Apfelbaum abgesehen[4]).

Den Wein bekamen die Deutschen zunächst als Handelsartikel durch die Römer. Bald aber wurde auch die Weinrebe angebaut, an der Mosel nachweislich seit dem 2., auf dem rechten Rheinufer im 2. oder 3. Jahrhundert. Die Meinung, Kaiser Probus habe den Weinbau nach dem Norden gebracht, beruht auf einem Mißverständnis: Die Verfügung, die so gedeutet wurde, hebt nur

---

1) Vgl. HOOPS, a.a.O. S. 23

2) Vgl. GRADMANN, Der Getreidebau im deutschen und römischen Altertum (1909). Westdeutsche Zeitschrift 1910, S. 491f. Eine interessante Kontroverse zwischen GRADMANN und HOOPS besteht in der Frage nach der Herkunft des Spelts: jener faßt den Spelt als national schwäbische (suevische) Getreideart auf, während HOOPS dem Speltbau römischen Ursprung zuschreibt. Wenn für den Ursprung der Schwaben die SEEMANN-Hypothese zutrifft, so entsteht die Frage, ob die Sueven, die aus der Gegend der heutigen Mark Brandenburg kommen, den Spelt von dorther etwa mitgebracht haben. Im übrigen sind die Untersuchungen von GRADMANN (s. namentlich auch seine Abhandlung: Der Dinkel und die Alemannen, Württembergische Jahrb., Jahrg. 1902) mit ihren Einzelnachweisen über den Getreidebau in den älteren Jahrhunderten jedenfalls außerordentlich belehrend.

3) HOOPS, a. a. O. S. 23.

4) HOOPS, a. a. O.

eine den Weinbau in Gallien einschränkende Verordnung Domitians wieder auf.

Um die Frage zu beantworten, was für Getreide, was für Kulturpflanzen die Deutschen in der Vergangenheit gehabt haben, wird es sich empfehlen, stets von der später sicher nachweisbaren Verbreitung der betreffenden Arten in den verschiedenen Landschaften Deutschlands auszugehen. Es kann natürlich sein, daß sich im Laufe der Zeit eine Änderung vollzogen hat; im einzelnen läßt sich eine solche tatsächlich beobachten. Aber das Überwiegende scheint doch die Vorherrschaft einer bestimmten Art in einer bestimmten Landschaft zu sein; zu mindesten seit der Völkerwanderung können wir uns ein Urteil darüber zusprechen. Bezeichnend ist die durch die Jahrhunderte sich behauptende Vorherrschaft des Roggens im nördlichen, des Weizens im südlichen Deutschland, innerhalb eines kleineren Bezirks das hohe Alter des Speltbaues im schwäbischen Gebiet (hier wesentlich auf Kosten des Weizens)[1]. Neben der Instanz der späteren Nachweisbarkeit verwerten wir für die Bestimmung der örtlichen Verbreitung der Kulturpflanzen die Resultate der Ausgrabungen.

Die Tatsache der örtlich verschiedenen Verbreitung der Kulturpflanzen haben wir dann weiter bei der Deutung der in unseren historischen Quellen begegnenden allgemeinen Bezeichnungen für Getreide zu berücksichtigen. Wenn wir von „Korn", von „frumentum" oder „grassum" lesen, so ist damit regelmäßig die herkömmliche Hauptbrotfrucht gemeint, die eben örtlich verschieden ist, bald der Roggen, bald der Weizen, bald der Spelt[2]. In diesem Zusammenhang mag ferner daran erinnert werden, daß auch die Verwendung von Pferd und Rind in der landwirtschaftlichen Arbeit landschaftlich verschieden sind und daß diese landschaftlichen Unterschiede auf deutschem Boden zeitlich zweifellos sehr weit zurückreichen, wiewohl es inzwischen an Versuchen, das eine System bewußt zufördern, nicht gefehlt hat[3].

---

1) S. oben S. 27, Anm. 2.
2) Vgl. GRADMANN, Getreidebau, S. 55.
3) Über die Anordnungen einer oberrheinischen Städte- und Adelsvereinigung (1433), die Karren- und Pflugbespannung mit Pferden zugunsten der mit Rindvieh einzuschränken, um die Rindviehhaltung zu fördern, s. meine „Mittelalterliche Stadtwirtschaft und gegenwärtige Kriegswirtschaft" (1917), S. 25.

II. Die Ausbildung der großen Grund= herrschaften (von der Völkerwanderung bis zum Ausgang der Karolinger).

A. Die Eigentums= und Besitzverhältnisse.

Es hat sich uns gezeigt, daß die schroff demokratische Auffassung der Verhältnisse der Urzeit nicht haltbar ist. Bei genauerem Zusehen ergaben sich vielmehr Abweichungen von dem vorausgesetzten Schema der vollkommenen Gleichheit, und zwar eben schon für die älteste erkennbare Zeit. Die unbefangene Würdigung der Instanzen, an deren Hand wir die Vergangenheit uns vergegenwärtigen können, widerspricht dem politischen Tendenzbild, wie sie auch die Schwierigkeiten aufweist, die einer rationalistischen Erklärung der historischen Bildungen entgegenstehen.

Allein wenn wir auch Ungleichheiten und Mannigfaltigkeiten in dem Bild der Vergangenheit wahrnehmen, im ganzen genommen gewinnen wir doch von den alten Verhältnissen den Eindruck verhältnismäßiger Gleichheit des Besitzes und geringerer ständischer Unterschiede. Mit der Völkerwanderung setzt dann aber eine Bewegung ein, welche ein neues Bild von stärkeren wirtschaftlichen und gesellschaftlichen Gegensätzen erscheinen läßt. Vollzieht sich die Entwicklung auch allmählich, so wird die Verschiedenheit gegenüber der vorausgehenden Periode doch bald recht greifbar.

Der Hinweis darauf, daß mit der Völkerwanderung die neue Zeit ihren Anfang nimmt, enthält schon eine Andeutung über die Gründe, die die Wandlung herbeiführen. Indem die Germanen in römisches Gebiet vordrangen, fanden sie hier stärkere Unterschiede des Besitzes und der gesellschaftlichen Schichtung vor, die sich in den neu begründeten germanischen Reichen geltend machen mußten und die auch eine Wirkung auf das alte germanische Gebiet, zumal wenn es mit dem neuen in einem politischen Verband vereinigt war, üben konnten¹). Es kommt ferner in Betracht, daß die germanischen Stämme in monarchischer Verfassung ihren Einzug in die römischen Gebiete hielten. Der Herrscher sukzedierte in den sehr namhaften fiskalischen Gütern. Ebenso fielen an ihn das herrenlose Land und die konfiszierten Güter. Die mit den sich entwickelnden inneren Kämpfen im fränkischen Reich verbundenen zahlreichen Konfiskationen vermehrten diesen Besitz. So wird der fränkische König großer Grundbesitzer, auf ähnliche Weise in beschränkterem Maß die Herrscher anderer deutscher Stämme. Dieser Besitz ging weit hinaus über das, was die adligen Familien der Urzeit gehabt hatten. Verschiebungen in den Besitzverhältnissen waren sodann damit gegeben, daß seit der Völkerwanderung das Privateigentum am Ackerland bei den Deutschen Platz greift²)*). Sobald der Einzelne freie Verfügung über sein Land erhält, kann er teilen und Stücke oder auch das Ganze veräußern, können andere Einzelne zu ihrem Land mehr hinzu erwerben. Die Schranke, die in der verlangten Zustimmung der Verwandten lag, und das Vorrecht der Söhne vor den Töchtern hinderten Teilungen und Veräußerungen nur bedingt. Ungeteilte Vererbung kannte das alte germanische Recht nicht; sie kommt erst später auf.

In den römischen Gebieten fanden die Germanen stattlichen kirchlichen Besitz vor, der sich fortschreitend vermehrte und insbesondere seit dem 8. Jahrhundert auch in dem engeren deutschen Land erscheint. Die gleiche Zeit sah eine im Frankenreich schon

---

1) Die mannigfaltigen Einwirkungen der römischen Verhältnisse auf die germanischen hat neuerdings DOPSCH stark betont, aber, wie schon erwähnt (s. S. 17, Anm. 1), zu stark. Im übrigen vgl. über diese Beziehungen die Darstellung und Literatur bei KÖTZSCHKE, a. a. O. S. 35 ff. Abschnitt: „Die Wirtschaftszustände des römischen Reichs während der Kaiserzeit und ihre Einwirkungen auf die Germanen." Es braucht nicht besonders hervorgehoben zu werden, daß solche Einwirkungen nicht erst mit der Völkerwanderung einsetzen; in gewerblicher Beziehung z. B. sind sie auch vorher schon erheblich. Aber die Einwirkung auf die Schichtung des Grundbesitzes wird zweifellos erst seit der Völkerwanderung beträchtlich.

2) Man nimmt annähernd übereinstimmend an, daß seit der Völkerwanderung das Sondereigentum am Ackerland bestand (so GIERKE, Genossenschaftsrecht 1, S. 65 u. a.). Daher ist es nicht am Platz, wenn DOPSCH, Grundlagen 1, S. 359 (und mehrfach sonst) die von uns vertretene Anschauung von altem Gemeineigentum mit dem Hinweis auf Tatsachen bekämpft, die der Zeit seit der Völkerwanderung angehören.

*) Nach neuerer Ansicht (vgl. oben S. 15, Anm. *) war dies schon sehr viel früher der Fall. Die Besonderheiten zur Zeit der Völkerwanderung und die Auswirkungen dieser Besonderheiten auf die sozialen und wirtschaftlichen Verhältnisse der davon ergriffenen Völker und im besonderen derjenigen Stämme, die sich auf provinzialrömischem Boden niedergelassen haben, bedürfen m. D. erneuter sorgfältiger Untersuchungen.

vorher angebahnte Steigerung des Besitzes in privater Hand durch Zuweisungen von seiten der Staatsgewalt: durch Schenkungen von Land an die Getreuen des Königs; seit der Regierung der Söhne Karl Martells planmäßig durch Belohnung: Grundbesitz wird faktische Grundlage eines neuen Kriegerstandes. Dieser Grundbesitz, der als Lehen gegeben wird, ist freilich keineswegs immer großer Besitz — so wenig, daß er oft nur in einem Bauerngut besteht. Allein die Ausstattung von Personen mit Grundbesitz zum Zweck eines besonderen Kriegsdienstes, des schweren Reiterdienstes, trug doch im Gesamtresultat dazu bei, die Besitzverschiedenheiten zu steigern, unter anderem deshalb, weil das Lehen sehr häufig eine Zugabe zu sonstigem Besitz des Lehnsmannes bedeutete.

Man hat auch von einer Verarmung der Gemeinfreien, der einfachen freien Bauern, gesprochen[1]), die durch die steigenden Anforderungen des fränkischen Staates an seine Untertanen, durch das Bußensystem des fränkischen Strafrechts, den Amtsmißbrauch der Beamten herbeigeführt worden sei. In der Tat haben sich die staatlichen Anforderungen gesteigert: So trat im Heerdienst an die Stelle des Tagesauszuges der Urzeit, bei dem geringen Umfang des kleinen altgermanischen Staates, der weite Marsch, den das Heer in dem großen fränkischen Reich machen mußte. Die Bußen haben in der Tat die Besitzverhältnisse beeinflußt[2]), und es ist auch kein Zweifel, daß Beamte durch Amtsmißbrauch kleine Leute in Abhängigkeit von sich gebracht haben. Indessen wie diese beiden Momente doch schwerlich eine namhafte Veränderung herbeigeführt haben werden, so nehmen wir ferner wahr, daß der fränkische, besonders der karolingische Staat den Mißbräuchen zu steuern suchte und namentlich im Heerwesen den neuen Verhältnissen Rechnung trug. Ohne die allgemeine Wehrpflicht aufzugeben, führte er praktisch im einzelnen Fall Erleichterungen für die ärmeren Untertanen durch, befreite sie oft auch ganz von dem unmittelbaren Kriegsdienst[*]). Und gerade in der Karolingerzeit bahnte sich dann der Übergang von dem Heer der allgemeinen Wehrpflicht zu dem sich mehr und mehr auf den Lehnsdienst stützenden Reiterheer an.

---

1) So K. TH. V. INAMA-STERNEGG in seiner „Deutschen Wirtschaftsgeschichte" (1879), dem andererseits DOPSCH in seiner „Wirtschaftsentwicklung der Karolingerzeit" widerspricht.

2) Lehrreich ist die Stelle, welche DOPSCH, Karolingerzeit, Bd. 2, S. 230, Anm. 2 über die Teilung des Besitzes zum Zweck der Bußaufbringung für den Fiskus anführt.

*) Vgl. dazu A. DOPSCH, Karolingerzeit, 2. Aufl., Bd. II, S. 15 ff., und die daselbst angegebene weitere Literatur.

Weit stärker als der Druck der staatlichen Anforderungen und Lasten wird die durch die vorhin geschilderten Umstände herbeigeführte Ungleichheit des Besitzes in ihren weiteren Wirkungen die Güterverteilung beeinflußt haben. Wie eine Macht, die einmal ein Übergewicht erlangt hat, in sich regelmäßig die Neigung trägt, dies zu verstärken, so ist eine solche auch bei den größeren Besitzungen jener Zeit zu beobachten. Der größere Besitz setzte seinen Inhaber in den Stand, den Konkurrenzkampf erfolgreicher zu führen, und die Fortdauer der Umstände, welche eine Ungleichheit des Besitzes herbeiführen, begünstigen jenes Streben, zumal hier der Staat weniger eifrig und kräftig eine Gegenwirkung versuchte. Die Staatsgewalt begünstigte die angedeutete Entwicklung noch besonders dadurch, daß sie kirchlichen Instituten und weltlichen Personen, etwa zur Belohnung für treue Dienste, große unangebaute Flächen überwies, deren Kolonisation dann nur unter Mitwirkung und zum Vorteil der bedachten Herren erfolgen konnte, womit sich ergab, daß die jüngeren Ansiedlungen wesentlich abhängigen Besitz oder Abhängigkeit der Personen schufen. Endlich vermochte der größere Besitzer einen etwaigen Produktionsüberschuß aus seiner Wirtschaft zur weiteren Vermehrung seines Besitzes, zur Bereitstellung von Inventar für diejenigen zu verwenden, die geneigt waren, auf dem ihm gehörenden unangebauten Gebiet Land urbar zu machen.

So kam es dahin, daß die Zahl der abhängigen Personen sich beträchtlich vergrößerte. Sie wurde noch dadurch vermehrt, daß viele sich in Abhängigkeit begaben, um dafür wirtschaftliche Vorteile zu erlangen, etwa zu ihrem Besitz noch ein Stück aus dem reichen Vorrat seines Herrn zu gewinnen.

Wie wir vorhin bemerkten, erscheint seit der Völkerwanderung das Sondereigentum am Ackerland. Allmählich wird es entstanden sein. Durch das seltenere Wiederholen und schließliche Unterlassen der Ackerverteilung wird es rein tatsächlich ohne besonderen Beschluß der Genossenschaft und ohne gesetzliche Einwirkung sich ausgebildet haben. Eben deshalb wird es auch an den verschiedenen Plätzen zu verschiedenen Zeiten aufgekommen sein. Wir haben freilich früher angemerkt, daß hier und da sich schon Sondereigentum am Ackerland in einer Zeit gefunden haben dürfte, in der das Gemeineigentum noch das normale Verhältnis war. Wir haben insbesondere auch der Rodungen als einer alten Quelle des Sondereigentums gedacht. Wenn wir sie in dieser Hinsicht nicht hoch einschätzten, so mag im Anschluß daran die Frage aufgeworfen werden, ob in der Periode, die uns jetzt beschäftigt, die Rodungen mehr der Vermehrung des Besitzes Einzelner oder mehr den Zwecken von Gemeindeverbänden gedient haben. Die Antwort wird wohl wiederum zugunsten der zweiten Möglichkeit zu erteilen sein*).

Von vornherein ist hervorzuheben, daß mit der Völkerwanderung oder ihrem Abschluß eine große Rodungsepoche einsetzt; sie reicht bis zum 13. Jahrhundert. Die Gemeinden haben ihre Ackerfluren durch Anlage neuer Gewannen vermehrt. Es sind jetzt aber namentlich auch viele Ortschaften durch Rodungen neu begründet worden; ganze Namengruppen weisen darauf hin[1]. Aus den oben geschilderten Verhältnissen erklärt es sich, daß diese zweifellos der Mehrzahl nach auf herrschaftlichem Gebiet angelegt worden sind und daher in Abhängigkeit von einem Herrn standen; immerhin handelt es sich um geschlossene Gemeindegebiete, die hier durch Rodung gewonnen werden. Das Bild der späteren Flurkarten zeigt doch, daß der größte Teil des Ackerlandes der deutschen Ortschaften echtes Bauernland im oben (S. 23f.) dargelegten Sinn ist. Man wird also die Masse der Rodungen der Erweiterung der Ackerflur vorhandener Ortschaften oder der Begründung neuer Ortschaften zuzuschreiben haben[2]. Daneben aber hat auch mancher Einzelne für sich ein Stück Land gerodet, wie namentlich die Rodearbeit vieler Kötter dahin zu rechnen sein wird.

Als Quelle für Sondereigentum in deutscher Hand wollen wir hier auch nicht unterlassen, die römischen Eigentumsverhältnisse, die die Germanen in den von ihnen eingenommenen Gebieten vorfanden, zu nennen. Obwohl wir ja sehen, daß die Deutschen da, wo sie kompakt auftreten, durchaus ihre eigenen Gemeindeordnungen mitbringen, die Allmende auch da einrichten, wo vorher niemand etwas von ihr gewußt hat, obwohl wir demgemäß vermuten dürfen, daß sie in alter Zeit auch das Gemeineigentum am Ackerland mehrfach beim Vordringen auf fremdem Gebiet zur Geltung gebracht haben, so ist es doch denkbar und wird durch einen gelegentlichen

---

*) Für den vom Herausgeber näher erforschten mitteldeutschen Raum trifft allerdings das Gegenteil zu. Vgl. auch K. WÜHRER, a. a. O. S. 17 ff.

1) Statt vieler Zitate sei hier auf SCHLÜTER, Art. „Deutsches Siedlungswesen", HOOPS, Reallexikon 1, S. 415 hingewiesen.

2) Vgl. LAMPRECHT, Deutsches Wirtschaftsleben 1, S. 417: „Die Dorflage war die günstigere Lage für den Gesamtbetrieb.... Wo ein freierer Ausbau in früherer Zeit unter wirklich günstigen Bedingungen stattgefunden hat, da erwuchs bei der raschen Bevölkerungszunahme gar bald ein Weiler oder ein Dorf, und es bildete sich somit eine eigene Wirtschaftsorganisation."

Tatbestand bestätigt, daß sie mitunter römische Ordnungen bestehen ließen[1]). So mag auch manchem vordringenden Germanenhaufen die Annahme des Sondereigentums am Ackerland durch das, was sie bei römischen Ansiedlern vorfanden, erleichtert worden sein.

Die Besitzungleichheiten, die unter Mitwirkung der Ausbildung des Sondereigentums am Ackerland zustande kamen, sind nun aber dadurch charakterisiert, daß nicht eine Besitzart einseitig herrscht, sondern eine Mannigfaltigkeit der Besitzarten besteht, daß ferner der abhängige Besitz und die abhängigen Personen noch ein weites Feld selbständiger Betätigung haben.

Zunächst finden wir innerhalb des großen und größeren Besitzes eine reiche Stufenleiter von Abstufungen: von dem gewaltigen königlichen Besitz, dem bald sehr bedeutenden, bald mehr oder weniger bescheidenen kirchlichen, dem wiederum große Unterschiede aufweisenden Besitz weltlicher Herren bis zu dem kleineren Unterschiede zeigenden bäuerlichen Besitz. Es besteht ferner nicht eine schroffe Scheidung in unabhängigem großen und abhängigem kleinen Besitz, ganz zu schweigen davon, daß etwa die abhängigen Personen ohne Besitz gewesen wären. Es gibt nicht nur „Herren und Knechte". Die früher oft ausgesprochene Behauptung, daß etwa mit dem Ausgang der Karolingerzeit der freie bäuerliche Besitzer auf deutschem Boden mit Ausnahme von ein paar kleinen Bezirken ganz verschwunden sei, hat sich als irrig erwiesen[2])*). Überall blieben freie bäuerliche Eigentümer erhalten,

---

[1]) Vgl. KÖTZSCHKE, a. a. O. S. 40: über Rechte römischer Flureinteilung auf später deutschem Boden.

[2]) Ich bin dieser Behauptung im Zusammenhang mit meiner Kritik der für die Entstehung des Handwerks und der Stadtverfassung aufgestellten hofrechtlichen Theorie in meinem Aufsatz „Zur Entstehung der deutschen Stadtverfassung", H. Z. 58 (1887), S. 195 ff. und in meiner „Entstehung der deutschen Stadtgemeinde" (1889), S. 10 ff. und seitdem wiederholt entgegengetreten (s. z. B. mein „Territorium und Stadt", S. IX f. und mein „Deutscher Staat des Mittelalters", 1, S. 91 ff.). Vgl. dazu MAX WEBER, Jahrbücher für Nationalök, Bd. 84, S. 433. Seit jenen meinen Arbeiten ist die Begrenzung in der Ausbreitung der Grundherrschaft von vielen Forschern und wiederholt in eingehender Beweisführung hervorgehoben worden. So mit besonderer Rücksicht gerade auf die Karolingerzeit von G. CARO (Beiträge zur älteren deutschen Wirtschafts- und Verfassungsgeschichte, 1905 [dazu KEUTGEN, H. Z. 99, S. 350 ff.] und Neue Beiträge zur deutschen Wirtschafts- und Verfassungsgeschichte, 1911), und namentlich von A. DOPSCH, Die Wirtschaftsentwicklung der Karolingerzeit, 2 Bde., 1912/13. Über das Vorkommen freier Bauern in und seit der Karolingerzeit vgl. ferner z. B. G. CARO, Neue Beiträge, S. 17; RIETSCHEL, Die Civitas auf deutschem Boden bis zum Ausgange der Karolingerzeit (1894), S. 77 ff.; LECHNER, Mitt. d. Inst. f. österr. Gesch., 1901, S. 554, u Ursprung der deutschen Stadtverfassung, S. 121, Anm. 4; F. EULENBURG, Zeitschr. f. Wirtschaftsgeschichte, 3, S. 449,

wenn sie auch eine geringe Zahl ausmachten. Von den abhängigen Besitzern, denen, die auf fremdem Eigentum saßen, erfreuten sich ferner viele persönlich freien Standes. Wenn allerdings die Unfreien unter den Bauern die Mehrzahl ausmachten, so ist die Unfreiheit inhaltlich, eben seit der fränkischen Zeit, begrenzt, ist die Zahl der besitzlosen Unfreien klein, sind die Besitzrechte der Unfreien, der abhängigen Personen überhaupt, im allgemeinen günstig.

Die großen Besitzungen stellen nicht Latifundien dar, die mit Sklavenscharen bewirtschaftet werden. Überwiegend wird der große Besitz vielmehr durch Übertragung einzelner Güter an Bauern gegen die Verpflichtung zur Lieferung von Abgaben und Leistung von Diensten genutzt, und die letztere ist bescheiden, weil eben die Nutzung des Besitzes durch Übertragung einzelner Güter an Bauern überwiegt, weil die Eigenwirtschaft der großen Besitzer keine beträchtliche Rolle spielt. Das System der Herrschaft ist bei dem großen Besitz die Grundherrschaft, nicht die Gutsherrschaft, wie sie uns im deutschen Osten in den neueren Jahrhunderten begegnet. Wenn beide im Gegensatz zu dem System der mit Sklavenscharen bewirtschafteten Latifundien stehen, wenn wir bei der Gutsherrschaft ebenso wie bei der Grundherrschaft die abhängigen Leute mit Land ausgestattet finden, so waltet doch zwischen beiden der wichtige Unterschied ob, daß der Gutsherr viel Land in eigener Wirtschaft hat, daher viel Frondienst von den abhängigen Leuten verlangt, deshalb weiter mehr Wert auf Dienste als auf Abgaben legt, während der Grundherr die eigene Wirtschaft wenig entwickelt, daher wenig Frondienste fordert, deshalb mehr Wert auf Abgaben als auf Dienste legt. Und hiermit ergibt sich ferner, daß der abhängige Mann innerhalb der Grundherrschaft sich freier bewegt als innerhalb der Gutsherrschaft. Da er weniger zu fronen hat, verwendet er seine wirtschaftliche Kraft selbständiger. Der

---

Anm. 41; GOTHEIN, Agrarpolitische Wanderungen im Rheinland (SA. aus der Festschrift für KNIES, 1896), S. 17; ÖCHSLI, DLZ. 1899, Nr. 4; WOPFNER, Geschichte der freien bäuerlichen Erbleihe Deutschtirols im Mittelalter. (Gierkes Untersuchungen. 67) (1903), S. 17 ff.; TH. KNAPP, Gesammelte Beiträge nur Rechts- u. Wirtschaftsgeschichte des deutschen Bauernstandes (1902), S. 394 ff.; H. HIRSCH, Mitt. d. Inst. f. österr. Gesch., 1906, S. 315 f. (11. Jahrg.); H. FEHR, Die Entstehung der Landeshoheit im Breisgau (1904), S. 10 f.; BITTERAUF, Die Traditionen des Hochstifts Freising (1905), I, S. LX ff.

*) Ferner sei auf folgende Arbeiten hingewiesen: GERHARD SEELIGER, Die soziale und politische Bedeutung der Grundherrschaft im späteren Mittelalter, in: Abhandlungen d. phil.-hist. Klasse der kgl. sächs. Gesellschaft der Wissenschaften, Bd. 22 (1904); FRIEDRICH LÜTGE, Die Unfreiheit in der ältesten Agrarverfassung Thüringens, Jahrb. f. Nationalök. u. Statistik, Bd. 144 (1936).

Umstand, daß er mehr Abgaben zu liefern als Dienste zu leisten hat, bedeutet, daß er seinen Verpflichtungen wesentlich durch eigene landwirtschaftliche Arbeit auf dem ihm zustehenden Grundstück nachkommt. Die Gutsherrschaft oder Gutswirtschaft stellt eine mehr oder weniger geschlossene Unternehmung dar, geleitet von dem einen Wirtschaftsplan ausführenden Gutsherrn. Der Grundherrschaft fehlt jede derartige Geschlossenheit: das Unternehmertum verteilt sich auf den Grundherrn und die abhängigen Bauern.

Aus dem Gesagten ergibt sich bereits, daß der Besitz eines Grundherrn zerstückelter Besitz ist: er setzt sich aus einer Mehrzahl von einzelnen Gütern zusammen. Eine Grundherrschaft kann eine zusammenhängende Fläche, ein ganzes Dorf umfassen; aber auch dann besteht sie aus einer Mehrzahl beieinanderliegender einzelner Gehöfte. Meistens jedoch liegen die zu einer Grundherrschaft gehörenden Bauerngüter nicht in solcher Weise bei einander, sondern verteilen sich über mehrere, oft sehr viele Ortschaften. Der zerstückelte Besitz der Grundherrschaften ist meistens zugleich Streubesitz. Durch die zerstreute Lage der Gehöfte, die zu einer Grundherrschaft gehören, wird der Mangel ihrer Geschlossenheit noch verstärkt.

Die Streulage des grundherrschaftlichen Besitzes ist aus den historischen Vorgängen zu verstehen. Dieser Besitz hat sich zum größeren Teil allmählich gebildet durch Erwerb einzelner Stücke, der seit der Entstehung des Privateigentums am Ackerland möglich geworden war. Die Streulage kann als ein Beweis dafür gelten, daß die Entwicklung der deutschen agrarischen Verhältnisse nicht mit der Grundherrschaft als dem beherrschenden Prinzip begonnen hat. In einer Ortschaft finden wir einen oder auch mehrere Fronhöfe, jeden mit zugehörigen Bauern, Gütern daneben Bauerngüter, die zu auswärtigen Fronhöfen gehören, endlich freie bäuerliche Eigentümer.

Es gibt ja freilich auch nicht wenig Ortschaften, deren ganze Fläche einem Grundherrn gehört, die also Beispiele dafür liefern, daß ein Grundherr hier und da wohl zerstückelten, aber nicht zerstreuten Besitz hat. Aber es überrascht uns, daß die Zahl solcher Fälle nicht größer ist, wo wir doch wissen, daß die bedeutenderen Grundherren über weite Gebiete, in denen genug Raum zur Begründung ganzer Ortschaften vorhanden war, verfügten, und daß Ansiedler in stärkster Menge Land von Grundherren zur Ansiedlung erhalten haben. Zum Teil mögen ja aus den geschlossenen grundherrschaftlichen Ortschaften heraus, deren Geschlossenheit auf die Besiedlung eines einheitlichen grundherrlichen Areals zurückgeht, späterhin Veräußerungen an auswärtige Grundherren (insbesondere Übertragungen an Kirchen) vorgekommen sein, so daß der Streubesitz in ihnen eine nachträgliche Erscheinung und demnach die ursprüngliche Geschlossenheit im Laufe der Zeit zerstört[1]) sein würde. Trotzdem wundern wir uns, daß die Zahl der geschlossenen grundherrlichen Ortschaften nicht größer ist.

Die Überweisung von Land an abhängige Personen mit der Verpflichtung zur Lieferung bestimmter Abgaben war, wie wir dem Bericht des Tacitus entnehmen, alte germanische Sitte. Mannigfaltige Leiheformen sehen wir jetzt in Gebrauch, darunter solche, die dem römischen Recht entnommen sind. Vor allem ist hier die an das römische precarium anknüpfende fränkische precaria zu nennen. Ursprünglich eine auf kurze Zeit gewährte widerrufliche Leihe, ist sie nachher eine Leihe auf Lebenszeit des Verliehenen (Vitalleihe), dann eine auf mehrere, in der Regel drei (Vater, Sohn, Enkel) Leiber, endlich eine Erbleihe geworden, wobei aber neben dieser die anderen Formen in Anwendung blieben. Weiterhin tritt die Scheidung in Leiheverhältnisse höherer und niederer Ordnung hervor. Die höheren sind das Lehen im engeren Sinn, das die Gegenleistung des Reiterdienstes verlangt, und die kirchliche Pfründe. Die Leiheverhältnisse niederer Ordnung sind die bäuerlichen, die mancherlei Arten des Zinsgutes. Innerhalb der bäuerlichen Leihen, welche wirtschaftliche Leistungen, Lieferungen und Frondienste, begründen, sind die hofrechtliche Leihe, die unfreie, die sich auf die zu einem Fronhofverband gehörenden Leihegüter bezieht, und die freie, die im besonderen die precaria fortsetzt, zu unterscheiden, doch so, daß hofrechtliche und freie Leihe noch in mannigfach verschiedenen Ausprägungen erscheinen[2]).

In dem Bestand der bunt ausgebauten Leiheverhältnisse läßt sich kaum mehr unterscheiden, was etwa aus dem Kreis der Unfreien der Urzeit kommt und was mit dem neuen Eintritt Freier in die Abhängigkeit von einer Grundherrschaft zusammenhängt. Die alten Stände der Unfreien, Halbfreien (Liten) und Freien bleiben erhalten

---

1) Über die Art, wie andererseits die grundherrliche Geschlossenheit einer Ortschaft trotz nachträglicher Änderung des Besitzstandes im einzelnen mitunter aufrechterhalten worden sein mag, s. eine interessante Vermutung von WITTICH, Zeitschr. f. d. Gesch. des Oberrheins, Neue Folge Bd. 15, S. 421.

2) Vgl. von neueren Äußerungen hierzu DOPSCH, Karolingerzeit 1, S. 204 ff., und v. SCHWERIN, Art. Grundleihe in HOOPS, Reallexikon, 2, S. 335 f. sowie die daselbst angeführte Literatur. S. auch meine Besprechung der „Grundlagen" von DOPSCH in H. Z. Bd. 120 (1919), S. 327 ff., u. Bd. 124 (1921), S. 323 ff.

und haben in ihrer Sonderstellung ihre Bedeutung. Aber für die Organisation der Grundherrschaft sind sie nicht von maßgebender Wichtigkeit. Die Lage der Unfreien hatte inzwischen eine solche Besserung erfahren, daß sie sich der Halbfreien stark nähern. Unfreie und Halbfreie unterstehen demselben grundherrlichen Hofgericht.

Es bildet sich in der fränkischen Zeit ein Hofrecht, ein Recht der grundherrlichen Fronhöfe aus, das die Verhältnisse der zu einem solchen gehörenden Leute regelt, freilich nicht ein Recht aller Herrenhöfe, sondern nur derjenigen, die herkömmlich mit Gerichtsbarkeit ausgestattet sind. Der Kompetenz dieser Hofgerichte ist jedoch nicht die ganze Persönlichkeit des Unfreien und Halbfreien unterworfen; sie erstreckt sich vielmehr in erster Linie nur auf die aus dem besonderen grundherrlichen, dem Leiheverhältnis entspringenden Streitfälle. Wenn dazu regelmäßig noch etwas weiteres kommt, so bleiben doch jedenfalls die schwereren Fälle dem staatlichen, dem sog. Landgericht (in den später aufkommenden Städten dem Stadtgericht), vorbehalten. Es ist im großen und ganzen eine Ausnahme, daß ein Hofgericht die volle Kompetenz erwirbt.

Diese hofrechtliche Gerichtsbarkeit, welche als eine private aufzufassen ist und im Gegensatz zur staatlichen steht, macht auch einen Teil der mittelalterlichen Grundherrschaft aus. Die Grundherrschaft ist nicht bloß Herrschaft über Grund und Boden, sondern zugleich Obrigkeit. Wie sie indessen wirtschaftlich den abhängigen Leuten noch freien Spielraum für eigene Betätigung läßt, so verlangt auch ihr Gericht nur einen Teil der Streitfälle. In beiden Beziehungen erfaßt die Grundherrschaft nur einen Teil der Persönlichkeit des abhängigen Mannes [1]*).

---

[1] Das Wesen des Hofrechts ist namentlich von A. HEUSLER, Institutionen des deutschen Privatrechts, 1 (1885), S. 26 ff., gründlich und lichtvoll dargelegt worden. Die Ignorierung der Tatsache, daß das Hofrecht nur einen Teil der Persönlichkeit des abhängigen Mannes erfaßt, ist die Quelle vieler irriger Schilderungen der rechtlichen und wirtschaftlichen Verhältnisse des Mittelalters. Ich habe diese Sache zu einem Ausgangspunkt bei meiner Kritik der hofrechtlichen Theorie genommen (vgl. oben S. 34, Anm. 2). S. z. B. H. Z. 58, S. 197; 106, S. 272; Vierteljahrschr. f. Soz. u. WG. 1914, S. 17. Auch G. SEELIGER, „Die soziale und politische Bedeutung der Grundherrschaft im früheren Mittelalter" (1903), hat jene Tatsache mit Recht stark betont. Im übrigen hat SEELIGERs Buch vielerlei berechtigten Widerspruch gefunden; s. darüber die Zusammenstellung, H. Z. 99, S. 345, ferner PIRENNE, Revue historique, Bd. 96, Volume supplémentaire, S. 137 ff., VARRENTRAPP, Markgenossenschaft, S. 31, M. DÖBERL, Forschungen zur Geschichte Bayerns, Bd. 12 (1904), S. 152. Der Art. Hofrecht, den SEELIGER in HOOPS Reallexikon 2, S. 551 ff., beisteuert, ist in mehrfacher Hinsicht anfechtbar. Wenn er z. B. S. 553 sagt: „Dem Hof-

Auf die bestimmtere Ausgestaltung der grundherrlichen Gerichtsbarkeit, auf ihr Verhältnis auch zur Immunitätsgerichtsbarkeit einzugehen, haben wir keinen Anlaß, da wir nur die wirtschaftlichen Dinge schildern wollen.

Der Verfasser der „Deutschen Wirtschaftsgeschichte", K. Th. v. Inama-Sternegg, liefert für die Karolingerzeit eine Schilderung, nach der wir annehmen müßten, daß das Wirtschaftsleben einseitig von der Grundherrschaft beherrscht wurde**). Schon das, was wir bisher geltend gemacht haben, zeigt uns, daß der Bauernstand sich noch in beträchtlichem Umfang selbständig bewegen konnte. Auch die Markgenossenschaft läßt Inama wesentlich in grundherrschaftliche Fesseln geschlagen werden. Es steht jedoch so mit ihr, daß alle näheren Nachrichten, die wir über ihr Leben besitzen, aus der Zeit nach den karolingischen Jahrhunderten stammen, und eben diese Nachrichten zeigen sie uns keineswegs einseitig durch die Grundherrschaft beherrscht, wohl durch sie beeinflußt, aber doch überwiegend neben ihr stehend und stets mit eigener Tätigkeit.

So viel Abstriche indessen an den Anschauungen Inamas, die lange Zeit hindurch die der großen Mehrzahl der Forscher gewesen sind, gemacht werden müssen, eine bedeutende Stellung gewann immerhin die Grundherrschaft in den Jahrhunderten des fränkischen Reiches.

A. Dopsch, welcher der Auffassung Inamas erfolgreich entgegengetreten ist, hat in seinen Büchern „Wirtschaftliche und soziale Grundlagen der europäischen Kulturentwicklung" und „Wirtschaftsentwicklung der Karolingerzeit" wiederum das Wachstum

---

recht unterworfen sind die unfreien Hofknechte und die Hintersassen, die ihr ganzes Recht am Fronhof zu finden haben" usw., so will er doch mit den Worten „ihr ganzes Recht" nicht die volle Kompetenz des Hofgerichts behaupten? Mißverständlich ist auch die in dieser Weise gemachte Scheidung zwischen „unfreien Hofknechten" und „Hintersassen". Wenn Seeliger ferner das Recht der Ministerialen nicht als Hofrecht, als dessen Teil ansehen will, so ist dies ein Irrtum; es ist tatsächlich durchaus als solches anzusehen, wie ja auch die Ministerialen sich aus dem großen Kreis der Unfreien nur sozial allmählich erheben.

*) Gegen den Versuch einer Wiederbelebung der hofrechtlichen Theorie in der Arbeit von Beyerle, Marktfreiheit u. Herrschaftsrechte in oberrheinischen Stadtrechtsurkunden, in: Festgabe der jurist. Fakultät der Universität Basel für Paul Speiser, 1921, hat sich G. v. Below in einer seiner letzten Arbeiten gewandt: Eine Erneuerung der hofrechtlichen Theorie, Vierteljahrschr. f. Soz. u. WG., Bd. XX, 1927.

**) Vgl. im besonderen auch sein Buch: Die Ausbildung der großen Grundherrschaften in Deutschland während der Karolingerzeit, 1879. Demgegenüber Dopsch, Karolingerzeit, Bd. I, 2. Aufl., S. 7 ff., 20 ff., 36 ff., 122 ff. usw.

der Grundherrschaft von der Urzeit bis zum Schluß der Karolingerzeit nicht genügend erkennen lassen. Indem er einerseits Wert darauf legt nachzuweisen, daß die Germanen in den von ihnen eingenommenen römischen Gebieten starke soziale und wirtschaftliche Unterschiede vorfanden und übernahmen, und andererseits gegenüber INAMA die gewaltige Verstärkung der Grundherrschaft für den engeren Zeitabschnitt der Karolingerperiode bestreitet, erweckt er mit seiner Darstellung, überwiegend gewiß gegen seinen Wunsch, den Eindruck, als ob im Laufe der Jahrhunderte nicht eine so große Umwandlung sich vollzogen habe, als ob er dem späteren starken Bestand der Grundherrschaft ein sehr hohes Alter geben wolle. Tatsächlich ist doch der Unterschied zwischen der Urzeit und der späten Karolingerzeit sehr bedeutend.

B. Die technischen Fortschritte in der Landwirtschaft.

Die abweichenden Anschauungen über die Bedeutung der Grundherrschaften gehen zum Teil darauf zurück, daß unsere Nachrichten über die landwirtschaftlichen Verhältnisse der starken Mehrzahl nach aus grundherrlichen Kreisen stammen; über das, was die anderen treiben und was sie bewegt, können wir uns meistens nur auf indirektem Weg aus den Urkunden und Akten der Grundherrschaften unterrichten. Und oft bleibt es ungewiß, welcher von beiden Gruppen wir diese oder jene Errungenschaft zusprechen sollen und was auf der Seite der bäuerlichen Kreise vor sich gegangen und getan worden ist. So steht es insbesondere auch mit dem neuen Betriebssystem, das uns jetzt begegnet.

In dieser Periode wird, im Zusammenhang mit der Zunahme der Bevölkerung, der Getreidebau mehr als in der vorigen geschätzt. Demgemäß ging man zu einem entsprechenden neuen Betriebssystem über, der Dreifelderwirtschaft, einer der Körnerwirtschaften. Sie setzt die Scheidung in dauerndes Pflugland und dauerndes Weideland voraus; neben dem Ackerland steht die ewige Weide. Wenn jetzt dem Getreidebau mehr Aufmerksamkeit gewidmet wird, so geht andererseits die Viehzucht keineswegs zurück. In ihrem Interesse werden Wiesen angelegt, von denen Tacitus berichtet, daß sie den alten Germanen fremd waren. Wo die Deutschen auf römischem Boden vordrangen, konnten sie vorgefundene Wiesen einfach übernehmen.

Sicher nachweisbar ist die Dreifelderwirtschaft seit dem 8. Jahrhundert. Wird sie in dessen zweiter Hälfte zuerst erwähnt[1]), so haben wir doch die erste Erwähnung so zu verstehen, daß sie damals schon als bekannt vorausgesetzt wird.

---

[1]) Vgl. zuletzt darüber Hoops, Reallexikon 1, S. 24: Hanssen hatte als älteste Erwähnung eine von 771 ermittelt; Hoops führt einen Beleg von 765 an. Vermutungen über ein älteres Vorkommen bei Lamprecht, Deutsches Wirtschaftsleben, 1, S. 13 und 48. Beispiele von 800 an ebenda S. 545; v. Inama-Sternegg, Deutsche Wirtschaftsgeschichte, 1, 2. Aufl. (1909), S. 539 und 542 ff.

In Gebirgsgegenden, insbesondere den Alpen, behielt man das alte System der Feldgraswirtschaft bei. Die Viehzucht überwog hier dauernd so sehr den Ackerbau, daß die alte Betriebsform sich weiter empfahl. Der technische Fortschritt vollzog sich in diesen Gegenden in der Weise, das man im Laufe der Zeit von der wilden zur geregelten Feldgraswirtschaft überging[1]).

Neben der Einteilung der Dreifelderwirtschaft — Winterung, Sommerung, Brache — kommen vereinzelt auch Zwei- und Vierfelderwirtschaft vor[2]). Indessen von den Körnerwirtschaften ist doch die Dreifelderwirtschaft das fast ausschließlich herrschende System und bedeckt den weitaus größten Teil des deutschen Bodens.

Die Dreifelderwirtschaft bleibt das vorherrschende Betriebssystem bis ins 19. Jahrhundert. Wenn aber ein Betriebssystem ein gutes Jahrtausend lang einem doch kräftig anschwellenden Wirtschaftsleben genügt hat, so liegt darin der Beweis, daß das Jahrhundert, welches es zuerst hervorbrachte, schon eine beträchtliche Höhe der wirtschaftlichen Kultur erreicht haben muß. Zuerst erwähnt wird nun die Dreifelderwirtschaft auf grundherrschaftlichem Boden. Ist es aber damit ausgemacht, daß sie hier zuerst aufgekommen und durch einen Grundherrn geschaffen ist[3])?

Unbedingt dürfen wir das Aufkommen einer besseren Betriebsform mit der Ausbildung des Sondereigentums in Verbindung bringen. Sie ist nun einmal Grundlage und Vorbedingung einer intensiveren Wirtschaft[4]).

Wertvolle Quellen allgemeiner Art, nicht von einer besonderen wirtschaftlichen Gruppe, besitzt unsere Periode in den Volksrechten, den Aufzeichnungen der verschiedenen deutschen Stammesrechte. Sie ermöglichen, im Verein mit den sonst vorhandenen Nachrichten, ein anschaulicheres Bild von dem Leben des deutschen Landmannes auf seinem Hof, von dem Bestand an Haustieren und Hofvieh, von den Ackerwerkzeugen und den Geräten für Jagd und Fischfang zu gewinnen, als es für die vorausgehende Zeit möglich ist[5]).

---

1) Um ein Beispiel der geregelten Feldgraswirtschaft aus der Heimat eines deutschen Dichters anzuführen, so erwähnt ROSEGGER folgende Fruchtfolge: 1. Jahr Roggen, 2.—4. Jahr Hafer, 5.—11. Jahr Weide.

2) LAMPRECHT, Deutsches Wirtschaftsleben, 1, S. 88 und 546.

3) Dies nimmt v. INAMA-STERNEGG, Wirtschaftsgeschichte, 1, S. 546, an.

4) Vgl. WOPFNER, Art. Agrargeschichte des Mittelalters, Handw. d. Staatsw., 3. Aufl., Bd. 1, S. 195.

5) S. die Schilderung bei LAMPRECHT, Deutsches Wirtschaftsleben im Mittelalter, 1, S. 7 ff. LAMPRECHTs Werk ist außerordentlich stoffreich. Trotz der kritischen Vorsicht, mit der man seiner Darstellung zu begegnen hat (vgl. H. Z. 63, 1889, S. 294 ff.;

Eine besondere Anforderung trat jetzt an die großen Grundherrschaften mit der Steigerung ihres Besitzes heran: die Ordnung der Verwaltung für die in einer Hand angehäuften Landmengen. Obwohl diese Frage auch, wie sich uns noch genauer zeigen wird, die Güterverteilung und die gesellschaftliche Schichtung berührt, so gewährt es doch zugleich Interesse, sie vom Gesichtspunkt des technischen Fortschritts der Landwirtschaft zu betrachten. Und sie hat, wie sich zeigen wird, hier ihren Schwerpunkt. Wir erörtern sie deshalb an dieser Stelle.

Bei der Schilderung der Urzeit fanden wir das Verhältnis, daß der freie Germane einen Teil seines Besitzes in eigenem Anbau bewirtschaftete, von einem anderen Lieferungen von den daselbst angesetzten Unfreien erhielt. Dies Verhältnis bildet die Grundlage für die Ordnung, die jetzt dem großen grundherrschaftlichen Besitz gegeben wird: die Zerlegung des Besitzes in einen vom Grundherrn selbst bewirtschafteten und in einen zur Nutzung gegen die Leistung von Abgaben und Diensten ausgetanen Teil. Es gab freilich noch eine andere Möglichkeit der Anknüpfung für eine solche Ordnung, die Verwertung der Verwaltung des römischen Grundbesitzes, den die Germanen in den besetzten Gebieten vorfanden. Indessen das allgemeine System brauchten sie von den Römern nicht zu entnehmen, weil es bei ihnen schon altherkömmlich war. Es ist überdies schon wiederholt treffend bemerkt worden, daß die spätrömische Entwicklung der germanischen entgegenkommt, zum Teil auf Anpassung an die germanischen Verhältnisse beruht; sie schickt sich an, mittelalterlich zu werden. Gerade die spätrömische Grundherrschaft „entwickelte sich vielleicht selbst unter germanischer Einwirkung weiter"[1]. Was von den Römern übernommen oder

---

Mitteilungen des Instituts für österreich. Geschichtsforschung, 25, S. 455 ff.), wird man es stets als eine der inhaltreichsten Schilderungen der mittelalterlichen Agrargeschichte verwerten.

1) KÖTZSCHKE, S. 41. Eingehend darüber MAX WEBER, Agrargeschichte des Altertums, Handwörterbuch d. Staatswissensch., 3. Aufl., Bd. 1 (1909), S. 179. Wenn SEELIGER, Art. Hofrecht, in HOOPS' Reallexikon 2, S. 551, sagt: „Auf den fränkischen und deutschen Großgrundherrschaften war nie Latifundienwirtschaft ausgebildet, sondern eine Organisation, die sich spätrömischen Verhältnissen anschloß", so wird hier ein unrichtiger Gegensatz konstruiert. Gewiß weiß man heute, daß die Römer in der Kaiserzeit nicht echte Latifundienwirtschaft gehabt haben, daß vielmehr der Kolonat vordrang, daß auch Streubesitz, neben geschlossenen Ländereien, verbreitet war. Aber nach SEELIGER müßte man meinen, daß die Germanen den Römern gerade im Gegensatz zu der Latifundienwirtschaft ihr System entnommen haben, während doch von einer solchen bei den Römern immer noch eher als bei den Germanen die Rede war. In der Ablehnung der Latifundienwirtschaft schlossen sich nicht die Germanen den Römern an, sondern diese

was von den neuen Grundherren (wie der Kirche) nach römischer Sitte angewandt wurde, das waren mehr die im engeren Sinn technischen Dinge (etwa der Gartenbau) und die besonderen Übertragungsformen für den zur Nutzung ausgetanen Besitz. Wir haben dies von der precaria zu bemerken ja schon Veranlassung gehabt.

Die bestimmtere Verfassung, die die Grundherren jetzt ihrem stark wachsenden Besitz gaben, ist die Villen- oder Villikationsverfassung, wie wir sie in der neueren Literatur zu benennen uns gewöhnt haben.

Es ist eine Ordnung nach Haupt- und Nebenhöfen. Vorhanden ist sie da, wo einem Haupthof, einem grundherrlichen Fronhof, eine größere Zahl von dienenden Nebenhöfen untergeordnet sind. Der ganz große grundherrliche Besitz bestand aber regelmäßig aus einer Mehrzahl von Haupthöfen, von denen jeder wieder eine Anzahl Nebenhöfe unter sich hat. Die Unterordnung der einfachen Bauernhöfe unter Fronhöfe ist das charakteristische, wobei das System eben auch dahin gesteigert werden kann, daß den mehreren Haupthöfen ein weiterer herrschaftlicher Hof übergeordnet wird. Die Inhaber der bäuerlichen Höfe zahlen Zins, überwiegend, zumal in den älteren Jahrhunderten, in Naturalien, und leisten Frondienste an die Haupthöfe, denen sie unterstellt sind.

Wenn wir aber ein genaueres Bild von dieser Villenverfassung entwerfen wollen, so kommen wir freilich sofort in die Kontraversen[1]). Zwar können wir uns darüber sofort einigen, daß nicht, wie man gemeint hat[2]), der königliche Domänenkomplex als räumlich geschlossener Bezirk anzusehen ist. Die räumliche Geschlossenheit ist ja gar nicht das Kennzeichen des grundherrlichen Besitzes; die Besitzkomplexe sind überwiegend bei der königlichen wie bei den anderen Grundherrschaften Streubesitz. Es erheben sich doch

---

wurden in der Entfernung von ihr eher germanisch-mittelalterlich. Vgl. M. WEBER, a. a. O. S. 457 ff.: Tacitus stellt die von ihm bei den Germanen beobachtete Naturalrentengrundherrschaft. wie sie in der Frankenzeit das Feld behauptet, zu den römischen Sklavenkasernen mit ihrer militärischen Robotordnung in Gegensatz.

1) Zu diesen Kontroversen vgl. die Auseinandersetzung zwischen DOPSCH und SANDER, der in SCHMOLLERs Jahrbuch für Gesetzgebung usw. DOPSCHs „Karolingerzeit" eingehend besprochen hat. Vgl. 37. Jahrg. (1913), S. 393 ff.; 38. Jahrg. (1914), S. 1071 ff.; meine Anzeige von KÖTZSCHKEs „Studien zur Verwaltungsgeschichte der Großgrundherrschaft Werden a. d. Ruhr" (1899) in der H. Z. 93 (1904), S. 314 ff.

2) So LAMPRECHT, dessen Ansicht von DOPSCH zurückgewiesen ist. Bei KÖTZSCHKE, Wirtschaftsgeschichte, S. 59 („dichte, nahezu geschlossene Lage der zugehörigen Güter ... vor allem der Typus der Krongüter"), findet man noch LAMPRECHTs Ansicht vertreten.

aber auch schwierigere Fragen, wenn wir das Wesen der Villenverfassung genauer bestimmen wollen. Einmal handelt es sich darum, ob in ihr mehr ein rein technischer Gesichtspunkt oder ein rechtlich-ständisches Verhältnis zum Ausdruck kommt. Wenn uns gesagt wird[1]), daß „die Hörigkeit durch die Verfassung der Villikation bedingt wurde", daß „die Verfassung der Villikation den Inhalt der Herrschaft über Menschen und Land bestimmte", daß „die Rechte und Pflichten des der Villikationsherrschaft unterworfenen Menschen seine Hörigkeit bildeten", so glauben wir in der Villikation durchaus ein rechtlich-ständisches Verhältnis vor uns zu haben. Wenn uns dagegen geschildert wird[2]), wie die Schaffung der Villenverfassung dem „Bedürfnis nach einer ökonomischen Gliederung des ganzen Herrschaftsgebietes den Zwecken der Kontrolle, der Überschau, der besten Verwertung der Arbeitskraft, der Ablieferung der Produkte entstammt, so denken wir an technische Gesichtspunkte als das Entscheidende. Weiter gehen die Ansichten darüber auseinander, ob die Villenverfassung eine verhältnismäßig straffe Zentralisation zum Ziel hat oder eine angemessene Dezentralisation eines sehr großen Besitzes herbeiführt[3]). Die meisten Forscher betonen ferner, daß die echte Villenverfassung eine große Hofländerei, ein unmittelbar vom Fronhof aus bewirtschaftetes großes Areal, das mit der Arbeit einer namhaften Anzahl von auf dem Fronhof lebenden Ackerknechten und bedeutenden Frondiensten der abhängigen Bauern, der „Hufner", bewirtschaftet wird, als hauptsächliches Charakteristikum hat[4]). Einige gehen sogar soweit, der Villenverfassung insbesondere der karolingischen Zeit, wenigstens einem Teil der großen Besitzungen, für die sie begründet wurde, eine Ähnlichkeit mit den ostdeutschen Gutswirtschaften der neueren Jahrhunderte zuzuschreiben[5]). Demgemäß

---

1) So WITTICH, Grundherrschaft in Nordwestdeutschland, S. 274.
2) So K. TH. V. INAMA-STERNEGG, Wirtschaftsgeschichte, 1, 2. Aufl., S. 444.
3) Vgl. INAMA a. a. O.; SCHOTTE, in: Beiträge zur Geschichte des westfälischen Bauernstandes, S. 16: „Die Villikationsverfassung, die straffe Unterordnung der zins- und dienstpflichtigen Hufen unter die in unmittelbarer herrschaftlicher Bewirtschaftung und Verwaltung stehenden Haupt-, Amts- oder Oberhöfe, war die herrschende Form der Organisation des Großgrundbesitzes".
4) So z. B. KÖTZSCHKE in seinen beiden vorhin erwähnten Arbeiten; und KÜHN, Das Bauerngut der alten Grundherrschaft, S. 1 ff. KÜHN weicht in seiner Auffassung von KÖTZSCHKE in den Einzelheiten aber doch ab.
5) KÖTZSCHKE, Wirtschaftsgeschichte, S. 61 („Verhältnisse wie bei der Gutsherrschaft des östlichen Deutschlands in jüngeren Zeiten"). SEELIGER, Historische Vierteljahrschrift, 1907, S. 312. Auch DOPSCH, Karolingerzeit, 1, S. 240 f. KÖTZSCHKEs An-

sieht man das Wesentliche der später erfolgenden „Auflösung" der Villenverfassung in der energischen Einschränkung der Hofländerei, ihrer Aufteilung bis zu dem Rest eines mehr oder weniger großen Bauerngutes. Die Grundherrschaft würde dann — soweit solche Gutswirtschaften ausgebildet worden waren — auf sie erst folgen. Endlich ist das Verhältnis der Villenverfassung zur Hofgerichtsverfassung nicht recht geklärt; ist es für jene wesentlich, daß zu einem Fronhofsverband auch ein Hofgerichtsverband in dem Sinne gehört, daß beide sich decken?

Die vorhandene Literatur ist sich der Gegensätze, die in den geschilderten Beziehungen liegen, noch nicht in vollem Maß bewußt geworden. Wären diese Gegensätze in der Literatur zu größerer Klarheit herausgearbeitet worden, so würde man wohl schon zu sichereren Anschauungen vorgeschritten sein.

Wir glauben unseren Eindruck dahin aussprechen zu müssen, daß das, was man als Villenverfassung ansprechen kann, ganz wesentlich eine technische Organisation ist. Die Aufgabe, vor die sich die Grundherren gestellt sahen, war die, den reichen Besitz, der in ihre Hand gekommen war, zu ordnen. Da er wesentlich aus Streubesitz bestand, kam es vornehmlich darauf an, ihm bestimmte Mittelpunkte zu geben. Solche waren vielfach von Anfang an vorhanden, da ja die großen Grundherrschaften die bescheidenen Anfänge von Grundherrschaften fortsetzen, wie sie uns schon in der deutschen Urzeit begegnen. Zu dem Herrenhof, zu dem bereits damals einige abhängige Familien mit dem ihnen überwiesenen Land gehörten, kam allmählich mehr hinzu. Dann bedurfte es kaum einer erheblich neuen Organisation: wie die alte Abhängigkeit, so bedeutete auch die des hinzugewonnenen Landes Leistungen und Dienste an den Herrenhof. Aber es fehlte weiter nicht an Erwerbungen, die etwa weitab von dem alten Herrenhof und zudem vielfach mehr noch als sonst zerstreut lagen: für sie bedurfte es der Neuschöpfung eines Mittelpunktes: hier wird ein Herrenhof (oder mehrere) neu eingerichtet oder ein bisheriger Bauernhof zu einem Herrenhof umgewandelt worden sein. Gedenken wir endlich der durch Rodung gewonnenen Ansiedlungen: bei ihnen konnte man sogleich bei der Rodung einen Fronhof als Mittelpunkt schaffen.

Das war die eine Arbeit, die die Grundherrschaft bei der Ordnung ihres wachsenden Besitzes zu leisten hatte: die Gruppierung

---

sicht steht wohl unter dem Einfluß von LAMPRECHTs Theorie der geschlossenen Krongüter. Gegen jene Ansichten: SANDER, a. a. O. S. 400f.

der zerstreuten Ländereien um je einen Mittelpunkt, einen Fronhof. Dazu wird als zweites eine gewisse Vereinfachung in den Pflichten und Rechten der abhängigen Leute und Grundstücke getreten sein. Obwohl wir später keineswegs eine schroffe Einheitlichkeit innerhalb des Verbandes eines Fronhofes finden, so nehmen wir doch immerhin so viel Regelmäßigkeiten wahr, daß wir an mancherlei vorausgegangene mehr oder weniger bewußte Regelungen glauben dürfen. Gewiß legen die vorhandenen Unregelmäßigkeiten, etwa die Heranziehung eines Teiles der abhängigen Leute zur stärkeren Zinsleistung, eines anderen Teiles zur überwiegenden Frondienstleistung, auch vielerlei sonstige Unterschiede im einzelnen, den Gedanken nahe, daß hier in weitem Umfange die ganz unbewußte geschichtliche Entwicklung gewaltet, der Besitz sich nach und nach auf kunstlose Weise vervollständigt hat. Allein es bleibt trotzdem genug Regelmäßiges übrig, was wohl nur aus planmäßiger Organisation, vielfach gewiß auch aus Nachahmung vorhandener Muster, aber eben solcher, die das Werk planmäßiger Organisation waren, erklärt werden kann.

Wir werden hiernach die Vereinigung einer Anzahl abhängiger Leute und einer Mehrzahl von Besitzstücken in einem Fronhofsverband als erstes Charakteristikum der Villenverfassung ansehen dürfen. Wir werden aber auch berechtigt sein, sie als ein vornehmstes Charakteristikum zu betrachten. Denn zunächst ist nach Aussage der Quellen eine villicatio da vorhanden, wo ein Fronhof mit zugehörigen Bauerngütern vorhanden ist[1]). Sodann beschränkten sich viele Grundherrschaften auf einen solchen Besitz, gingen nicht

---

1) In Urkunden von 1225 (Westfäl. UB. 4, S. 95; Osnabr. UB. 2, S. 151; WOPFNER, Urkunden zur deutschen Agrargeschichte Nr. 123, S. 175) heißt es: „hoc apud nos et circa scultetos nostros ac eorum villicationibus adherentes, scil. litones, qui ‚howelinge' vulgariter nuncupantur, debetur ... observari, quod ipsi sculteti ... nobis et ecclesie nostre ad solucionem consuete pensionis fideliter tenebuntur. Deinde pii idem litones nobis et dictis scultetis ex parte nostra occasione agrorum, quos colunt, ad honesta et consueta servicia obligati videntur (diese servicia bestehen in Herberge und Verpflegung für die Herrschaft und die ihrigen).... Ut dicti sculteti ad solutionem pensionis uberius sufficiant, a prefatis litonibus curruum et aratrorum suorum servicia poterunt interdum requirere moderata". Obwohl diese Urkunde schon in eine Zeit hineinreicht, in der die Villenverfassung einer Umbildung entgegenging, so bietet sie doch eine ganz hübsche Erläuterung für sie, und klar ist hier ausgesprochen, daß eine villicatio gegeben ist, wenn ein einzelner Fronhofsverband mit Wirtschaftsbetrieb der Hofländerei und zugehörenden abhängigen oder „anhängenden" („adherentes") Stellen vorhanden ist. Über villicatio mairhof s. Mon. Germ. Const. II, S. 600, § 42. — Über die Herbergspflicht innerhalb der grundherrschaftlichen Verwaltung vgl. KÖTZSCHKE, Werden, S. 69. Vgl. auch Mon. Germ. a. a. O. u. ebenda S. 576, § 51.

darüber hinaus. Wollte man ein bestimmtes Verhältnis zwischen den verschiedenen Fronhöfen einer Grundherrschaft als ein entscheidendes Charakteristikum der Villenverfassung ansehen, so würden viele Grundherrschaften einer solchen darben. Wir müßten dann ein neues Wort erfinden, um die Verfassung der Grundherrschaften zu bezeichnen, die nur einen Fronhof besitzen. Aber wir würden uns damit in Widerspruch zu dem Sprachgebrauch der Zeit setzen, die schon den einen und den einzelnen Fronhofsverband villicatio nennt.

Als zweites vornehmstes Charakteristikum der Villikationsverfassung werden wir eine wirtschaftliche Verbindung zwischen dem Fronhof und den zu ihm gehörigen Bauerngütern in dem Sinn ansehen, daß deren Wirtschaft von jenem beeinflußt und sie ihn wirtschaftlich zu ergänzen verbunden sind. Vor allem wird die Frondienstleistung der abhängigen Bauern oder Bauerngüter auf der Hofländerei des Fronhofes als wesentlich zu bezeichnen sein[1]).

Somit müssen die Streitfragen nach dem gegenseitigen Verhältnis der mehreren Fronhöfe und Fronhofsverbände, die ein Grundherr besaß, in den Hintergrund geschoben werden, als Kennzeichen untergeordneteren Ranges bei der Bestimmung des Wesens der Villenverfassung gelten. Immerhin sind sie interessant genug; auch sie verlangen eine Antwort, wenn wir die Art der Organisation der Villenverfassung bestimmen wollen. Man hat geschildert, wie eine Anzahl von Fron- oder Haupthöfen je einem Oberhof, die Gesamtheit der Oberhöfe dem Grundherrn persönlich unterworfen gewesen sei. So bei dem königlichen, dem ganz großen kirchlichen und dem Besitz der großen weltlichen Herren; bei dem königlichen in der Rangordnung: Fronhöfe (Domänen, fisci), über ihnen je eine Pfalz, über den Pfalzen der königliche Hof. Eine straffe Überordnung würde nun hier bedeuten, daß die jedesmalige untergeordnete Instanz umfassendere Wirtschaftsinstruktionen von der höheren erhält und namhafte Wirtschaftserträge an sie abliefert. Es dürfte aber etwas von strafferer Organisation nur innerhalb des einzelnen Fronhofsverbandes nachweisbar sein. Eine Zwischenstellung von Oberhöfen wird zum mindesten als allgemeine Erscheinung in Zweifel zu ziehen sein, obwohl andererseits auch die Anschauung abzulehnen ist, als ob der einzelne Fronhofsverband stets ganz scharf in seiner Abgrenzung ausgeprägt wäre; es kommt auch die Beifügung eines Fronhofes zu einem anderen vor. Von

---

1) S. auch die vorstehend angeführte Urkunde von 1225.

einer hierarchischen Gliederung des großgrundherrschaftlichen Besitzes kann jedenfalls schwerlich in erheblichem Maß die Rede sein. Etwas davon ist wohl bei dem königlichen Besitz zu beobachten.

Es läßt sich ja nicht bestreiten, daß eine Zentralinstanz für die Domänenverwaltung im fränkischen Reich bestanden hat[1]). Sie wurde in der merovingischen Zeit vom Hofdomestikus dargestellt, in dem wir vielleicht früh schon den maior domus zu sehen haben, dessen Funktionen jedenfalls bald dieser an sich gezogen hat. Indem mit dem Anbruch der karolingischen Zeit der maior domus König wird, übernimmt dieser, wie es scheint, persönlich in stärkerem Maß die oberste Aufsicht über die Domänenverwaltung, als sein Stellvertreter der Seneschall oder Truchseß, der oberste Hausbeamte, der ja, nur mit weniger weltgeschichtlichem Namen, nichts anderes als der alte maior domus ist; neben ihm noch die königlichen missi, die von Zeit zu Zeit die einzelnen Teile des Reiches bereisen. Wenn wir aber eine solche Zentralinstanz für die königliche Domänenverwaltung annehmen, so kann doch von einer Ablieferung der Erträge an sie aus dem einfachen Grund nicht die Rede sein, weil es keinen ständigen Besitz der Zentralbehörden gab; die paar Zentralbeamten, die es überhaupt gab, wanderten mit dem Herrscher von Ort zu Ort. Nur die Beaufsichtigung der Domänen durch den Zentralbeamten käme in Betracht; und sehr eingreifend wird sie kaum gewesen sein.

Schwierig ist es, das Verhältnis derjenigen Domestici, die als Beamte der Provinzialverwaltung erscheinen, zu erkennen. Zunächst gab es Provinzen, Herzogtümer, in der fränkischen Zeit nicht überall im Reich. Und wie war ferner das Verhältnis der Beamten der Provinzialverwaltung zu den Vorstehern der königlichen Pfalzen, die uns doch sonst als wichtige Mittelpunkte der königlichen Domänen begegnen? Es liegen Nachrichten vor, welche den direkten Verkehr zwischen dem königlichen Hof und den Pfalzen, ohne Vermittlung eines Provinzialbeamten, erkennen lassen. Die Schwierigkeit dürfte sich mit dem Hinweis darauf lösen lassen, daß die Provinzverwaltung eben nur territorial, nur da, wo eine Provinz von leidlichem Eigenleben vorhanden war, in die Erscheinung trat; in karolingischer Zeit verschwand sie ja ganz[2]).

---

[1]) Vgl. BRUNNER, Deutsche Rechtsgesch., 2, S. 117 ff.; SANDER, a. a. O. S. 394 f.

[2]) Vereinzelte Nachrichten über die Verwaltung des in einer Grafschaft gelegenen Krongutes durch den Grafen brauchen uns nicht zu stören, da etwas derartiges nicht die Regel war (BRUNNER, S. 124). Leicht vorstellbar ist ein solches Verhältnis nicht. Schiebt sich der Graf zwischen andere Instanzen?

Eine Ablieferung eines Teiles der Erträge, die die Mittelpunkte der Villikationen, die verschiedenen Fronhöfe, aufbringen, an eine mittlere Stelle, an die Pfalzen, wird für den königlichen Grundbesitz anzunehmen sein. Der Hof wanderte von Pfalz zu Pfalz und erhielt, wenn er auf einer Pfalz Aufenthalt nahm, zu dem, was diese selbst bot, als Ergänzung Wirtschaftserträge von den benachbarten Fronhöfen (Villikationen). Ob andererseits von den Pfalzen an die in ihrer Nachbarschaft gelegenen Villikationsmittelpunkte Wirtschaftsinstruktionen ergangen sind oder ob diese ihren Weg mehr direkt vom Hof an die einzelnen Fronhöfe genommen haben, mag dahingestellt bleiben[1]).

Wenn wir somit eine gewisse hierarchische Gliederung des königlichen Grundbesitzes, wie sie in dem Bestehen von mittleren Instanzen zum Ausdruck kommt, zugeben, so werden wir für den übrigen Großgrundbesitz einen direkten Verkehr zwischen den Villikationsmittelpunkten und dem Grundherrn selbst durchaus als die Regel vorauszusetzen haben.

Wir bemerkten, daß ein Teil der Erträge der königlichen Domänen an die Pfalzen abgeliefert wurde. Keineswegs ist es mit dem ganzen Ertrag so gehalten worden. Wir haben Nachrichten, daß daneben das System der Anweisung von Ausgaben auf die lokalen Anweisungs- oder Hebestellen bestand[2]), und wir dürfen diesem System eine um so breitere Anwendung zusprechen, als es weiterhin im Mittelalter im gesamten staatlichen und privaten Finanzwesen eine maßgebende Rolle spielt[3]). Verkauf oder Aufbewahrung an Ort und Stelle, Transport von Erträgen nicht an eine Zentralstelle, sondern direkt an benachbarte Handelsplätze, Sonderverrechnung der einzelnen Hebestellen, darin besteht der vorwiegende Brauch. Bei dem kirchlichen und dem privaten weltlichen Großgrundbesitz hat es sich nicht anders als bei dem königlichen verhalten.

---

1) Den Briefträger mag im letzteren Fall, soweit nicht die missi in Betracht kamen, der Graf abgegeben haben.

2) DOPSCH, Karolingerzeit, 1, S. 163 und 267. DOPSCH, S. 164, erinnert in diesem Zusammenhang an meinen früher schon erbrachten Nachweis, daß Städte nicht — wie man so oft behauptet hat — aus Pfalzen als solchen hervorgegangen sind. Er fand eben nicht eine solche Wirtschaftskonstruktion in ihnen, nicht eine so umfassende Ablieferung von Erträgen der Fronhöfe an sie statt, wie man gemeint hat.

3) Vgl. mein Territorium und Stadt (1900), S. 286; v. VOLTELINI, Festschrift zum Innsbrucker Historikertag, S. 37. S. auch H. DELBRÜCK, Geschichte der Kriegskunst (1904), 3, S. 19. Mon. Germ. Const. II, Nr. 338, S. 416: ein anschauliches Beispiel der Verrechnung der Einnahmen und Ausgaben an der lokalen Hebestätte, mit dem nicht seltenen Ergebnis, daß der Herr dem Beamten Geld schuldig bleibt.

Suchen wir nach diesen Erwägungen die Frage bestimmter zu beantworten, ob die Organisation der Grundherrschaften mehr der Zentralisation oder der Dezentralisation gedient hat, so werden wir uns im zweiten Sinn entscheiden. Das Neue liegt darin, daß einem angehäuften Besitz, der aus vielen zerstreuten Stücken, dazu noch bunter Art, besteht, eine Reihe von Mittelpunkten (Fronhöfen) gegeben wird. Nicht in einer Steigerung eines Strebens nach einem Zentrum, sondern in der Übertragung eines hohen Maßes von Selbständigkeit an lokale Mittelpunkte liegt das Charakteristische hinsichtlich der Beaufsichtigung der Wirtschaft wie der Verwertung der Erträge. Die Schaffung von Zwischeninstanzen zwischen den lokalen Mittelpunkten und dem Grundherrn selbst würde dem Zweck der Dezentralisation nicht widersprechen, sondern nur eine reichere hierarchische Gliederung bedeuten. Tatsächlich aber sehen wir, daß eine solche reichere Hierarchie keine erhebliche Rolle spielt.

Unseren Satz, daß die Organisation der Grundherrschaften die Schaffung einer Mehrzahl von lokalen Mittelpunkten bezweckt, haben wir nur etwa insofern einzuschränken, als die Anballung des großen Besitzes selbst sich zum Teil schon in der Angliederung an vorhandene einzelne Fronhöfe vollzog. Allein es blieb doch noch, wie vorhin bereits bemerkt, viel bewußt zu ordnen, zu gruppieren übrig[1]).

Vervollständigen wir nun das Bild, das wir von der Villenverfassung gewonnen haben, noch durch einige einzelne Züge. Wenn wir sagten, daß als wesentlich für sie die wirtschaftliche Verbindung zwischen dem Fronhof und den zu ihm gehörigen Bauerngütern, insbesondere die Frondienstleistung für die Hofländerei, zu gelten hat, so vermögen wir denjenigen Forschern nicht beizutreten, welche in dem großen Ausmaß der Hofländerei etwas für die Villenverfassung Entscheidendes sehen wollen. Wir haben zwar Nachrichten über bedeutende Besitzstücke, die auf eine sehr große Hofländerei hinzuweisen scheinen, und über umfassende Frondienste, aus denen man ebenfalls auf eine solche schließen möchte. Bei näherer Prüfung aber ergibt sich, daß derartige Folgerungen nicht sicher sind[2]). Es ist auch ein Irrtum, wenn man sich in Ver-

---

1) Gut erkennt man aus der Darstellung KÖTZSCHKEs (Werden, S. 66 ff.), wie die Grundherrschaft sich bemüht, ihrem reichen Besitz lokale Mittelpunkte zu schaffen.
2) Vgl. DOPSCH, Karolingerzeit, 1, S. 135, S. 233 ff., S. 241 ff. Es mag auch daran erinnert werden, daß diejenigen Frondienste, über die ein Fronhof verfügte, nicht sämtlich für landwirtschaftliche Zwecke verwendet wurden, sondern zum Teil für ganz andere. Die Tage, die der Pflichtige für diese anderen Zwecke diente, wurden ihm aber

größerung des grundherrschaftlichen Besitzes als irgenwie dem Salland der Fronhöfe in erster Linie zustattenkommend vorstellt. Die Übertragung zur Nutzung (so in der Form der Precaria) griff hier vielmehr vor allem Platz, auch beim Ausbau von Neuland. Im ganzen wird man sich das unmittelbar vom Fronhof aus bewirtschaftete Land nicht zu umfangreich vorstellen dürfen; ob die Hofländerei, das Salland, beim kirchlichen Großgrundbesitz größer als beim weltlichen gewesen ist, wird kaum auszumachen sein. Von einem gutswirtschaftlichen Charakter der Sallandwirtschaft darf man jedenfalls nicht sprechen. Abgesehen von der Verschiedenheit im Zweck und in der Größe der Hofländerei ist auch wohl damit zu rechnen, daß ein wesentlicher Teil davon parzellenweise den Frondienstpflichtigen zu mehr oder weniger selbständiger Bearbeitung überwiesen wurde[1]). Zuzugeben ist allerdings, daß die Hofländerei in den auf die Karolingerzeit folgenden Jahrhunderten verkleinert worden ist. Aber der Unterschied zwischen der früheren und der späteren Zeit war hinsichtlich der Größe des Sallands und des Umfangs der Frondienste nicht so bedeutend, wie es oft geschildert worden ist. Das zur Nutzung an abhängige Bauern ausgetane Land überwog auch schon in der früheren Zeit das Salland stets um ein Vielfaches.

Das Salland stand in Eigenwirtschaft, wurde von dem Grundherrn selbst oder einem von ihm bestellten Beamten, dem villicus oder maior, mit den Diensten der abhängigen Leute bewirtschaftet. Doch wurde der Charakter der Villenverfassung noch nicht aufgehoben, wenn der Grundherr den Fronhof gegen festen Zins austat. Denn das wirtschaftliche Band zwischen dem Fronhof und den abhängigen Bauerngütern konnte ja dabei festgehalten werden, indem deren Inhaber nach wie vor ihre Dienste für die Bestellung der Hof-

---

als Frontage angerechnet und an der Gesamtzahl der Frontage, zu denen er verpflichtet war, abgezogen. Über ein solches Beispiel s. Ztschr. f. d. Gesch. des Oberrheins, Neue Folge, Bd. 15, S. 418 f. WOPFNER, Urkunden zur deutschen Agrargeschichte (1925), S. 137: „Für die Gefangenenwachen werden den Bauern eine entsprechende Anzahl Frontage gutgeschrieben." Botendienste werden ebenso angerechnet worden sein. Für die Leistung von Fuhren wurden sehr viel Frondienste in Anspruch genommen, die nicht im Verhältnis zu den auf der Hofländerei geleisteten geringeren Ackerfronen standen, da eben bei dem Überwiegen des ausgetanen Landes über die Hofländerei Fuhren für nicht auf dieser geerntete Erzeugnisse zu leisten waren. Vgl. KÖTZSCHKE, Werden, S. 81, Anm. 1. Von solchen Diensten seien genannt das Sammeln und Einfahren der Naturalzinse und -zehnten, das Umstechen (Umschaufeln) des Korns auf den herrschaftlichen Zinsböden, das Verfahren von Getreide zum Verkauf, der Jagddienst.

1) SANDER, S. 400. DOPSCH, Karolingerzeit, 1, S. 232 und 235.

länderei leisten mußten. Indessen ist die Übertragung des leitenden Fronhofs gegen festen Zins im allgemeinen erst eine spätere Erscheinung und bedeutet insofern schon eine gewisse Abwandlung der klassischen Villenverfassung[1]). Nur so viel darf man einschränkend feststellen, daß auch früher bereits nicht immer das ganze zum Fronhof selbst gehörige Ackerland im Eigenbetrieb bewirtschaftet worden ist[2]).

Wenn wir schon davon zu sprechen hatten, daß die Villenverfassung keine strenge Regelmäßigkeit zeigt, so sei auf einiges, was dahin gehört, noch besonders aufmerksam gemacht. Wichtig ist es hier vor allem festzuhalten, daß ihr nicht der gesamte Besitz des Grundherrn unterworfen ist, am wenigsten bei den sehr großen Grundherrschaften, zumal bei der königlichen und bei denen, die sich in der Hand der später sich ausbildenden landesherrlichen Gewalten befanden. Der bedeutende Komplex des zu Lehen höherer Ordnung, als Ritterlehen, Mann- und Dienstlehen, vergabten Landes stand außerhalb der Villenverfassung; man weiß ja, einen wie großen Teil dieses innerhalb des Besitzes des Königs, der Bischöfe, vieler Klöster und Stifter und der weltlichen Inhaber der erblich werdenden gräflichen Gewalt ausmachte. Aber auch noch anderer Besitz ist nicht in die Villenverfassung einbezogen worden, so bei dem klösterlichen Besitz die den niedrigeren Klosterämtern (der Pforte, der Küsterei und der Schule) unmittelbar unterstellten Güter und etwa noch eine Anzahl von Einkünften, die für Stiftungszwecke besonderer Art festgelegt waren[3]).

Als eine Unregelmäßigkeit möchten wir auch die bunte Gestaltung in den Beziehungen der abhängigen Leute und der abhängigen Grundstücke zum leitenden Fronhof verzeichnen. Der Unterschied zwischen dinglich und persönlich abhängigen Leuten, der uns noch beschäftigen wird, kommt hier namentlich in Betracht. Zu denen, die vom Fronhof ein Grundstück haben, gesellen sich solche, welche nur persönlich an ihn gebunden sind, die gar nicht einmal auf dem Boden desselben Grundherrn sitzen, aber doch eben mit ihren Verpflichtungen diesem Fronhof zugewiesen sind. Die Villenverfassung war eben, wie wir es bemerkt haben, aus dem Bedürfnis technischer Verwaltungszwecke geschaffen worden. Hiermit ist schon gesagt, daß sie nicht schlechthin eine Organisation des

---

1) Die Begriffsbestimmung der terra dominica bei DOPSCH, a. a. O., scheint mir nicht ganz klar zu sein.
2) S. oben S. 35 f.
3) Vgl. KÖTZSCHKE, Werden, S. 77 f.

grundherrlichen Landbesitzes darstellt, sondern darüber hinaus auch seine sonstigen Rechte zu ordnen unternimmt. Hiervon sei weiter erwähnt, daß der Zins, den der Grundherr oft auf fremdem Grund und Boden zu beanspruchen hatte, ebenfalls vom Fronhof aus einkassiert wurde.

Wenn wir somit immer wieder darauf zurückkommen, daß die Villenverfassung eine wirtschaftlich-technische Organisation ist, so zeigt freilich der Umstand, daß die Grundherren mit ihr den Kreis ihrer gesamten Rechte ordnen wollten, zugleich ihre Bedeutung für die ständisch-rechtlichen Verhältnisse. Die ständischen Abhängigkeiten waren gewissermaßen in den Rahmen der Villenverfassung eingespannt. Das kam später zum deutlichen Ausdruck, als eine Änderung im Wesen der Villenverfassung auch ständische Folgen nach sich zog.

Ein zuverlässiges Urteil über das Verhältnis der Villenverfassung zu der grundherrlichen Hofgerichtsverfassung zu fällen ist zur Zeit nicht möglich, da es einstweilen an umfassenden Untersuchungen über die Frage fehlt, ob dem einzelnen Fronhofsverband regelmäßig ein Hofgericht entsprochen hat. Soweit sind wir immerhin unterrichtet, daß wir sie im großen und ganzen bejahen dürfen. Die Organisation der Hofgerichte wird zweifellos im Zusammenhang mit der der Villenverfassung erfolgt sein. Zwar wurde damit nicht erst ein Recht des Grundherrn über die abhängigen Leute begründet, aber seine Gerichtsbarkeit über sie wurde auf diese Weise neu und umfassender organisiert. Es ist dies eben auch ein Teil der Einspannung der ständischen Abhängigkeitsverhältnisse in die Villenverfassung. Einen zwingenden Zusammenhang zwischen ihr und der Hofgerichtsverfassung wird man freilich nicht anzunehmen haben. Denn die grundherrlichen Hofgerichte haben die Auflösung der Villenverfassung meistens überdauert[1]). Im übrigen sei hier kurz darauf aufmerksam gemacht, daß die Gerichte, die sich später in der Hand von Grundherren finden, oft anderer Natur, anderen Ursprungs sind als die alten Fronhofgerichte. Sie gehen vielfach auf Privilegien oder Usurpationen staatlicher Rechte zurück[*]).

Zum Schluß noch ein Wort über das Verhältnis der Villenverfassung zu der ländlichen Ortsgemeinde und der Markgenossenschaft. Wie wir im allgemeinen schon hervorgehoben haben, daß

---

1) Vgl. meine Rezension von LAMPRECHTs Wirtschaftsleben, H. Z. 63 (1889), S. 308; KÖTZSCHKE, Werden, S. 52.

*) Vgl. dazu auch G. v. BELOWS Abhandlung: Die Haupttatsachen der älteren deutschen Agrargeschichte, in: Probleme der Wirtschaftsgeschichte, S. 50.

diese beiden keineswegs durch die Grundherrschaft absorbiert worden sind, so mag das hier für die Villenverfassung noch etwas näher ausgeführt werden. Halten wir zunächst fest, daß der Großgrundbesitz überwiegend Streubesitz ist, d. h. sich über mehrere Ortschaften verteilt, in ihnen mit ganz anderem Besitz untermischt liegt, so kann ja unmöglich die Gemeinde in der Grundherrschaft aufgegangen sein. Weiter erinnern wir uns, daß der große grundherrliche Besitz durch allmähliche Anhäufung, namentlich durch Erwerb einzelner Höfe, sich gebildet hat, und daß das Ackerland der Bauerngüter im Gemenge lag. So liegt denn auch die Hofländerei, das Salland des Fronhofes, mit dem Land der Bauern und der Hofländerei der anderen Fronhöfe, die sich etwa in derselben Gemeinde finden, im Gemenge[1]). In der Urzeit war er vielleicht der Hof eines Adligen, jedoch einer, dessen Ackerland der periodischen Neuverlosung mit unterworfen war. In den meisten Fällen jedoch war der Fronhof aus einem alten Bauernhof hervorgegangen. War er bei einer Rodung von vornherein zum Fronhof bestimmt, so hatte er sein Ackerland doch mit derselben Verteilung wie die schlichten Bauerngüter erhalten.

Das Gesagte gilt wenigstens für das ursprüngliche Verhältnis und für den Kern der Hofländerei. Es ist allerdings zu diesem im Laufe der Zeit noch anderes Land durch Urbarmachung von Allmendeboden oder privatem Waldgebiet hinzugefügt worden[2]). Die Urbarmachung kam, wie wir wissen, zunächst der Begründung

---

1) Nicht bloß „mitunter", wie DOPSCH, Karolingerzeit, 1, S. 233 f., meint, „befanden sich vom Salland einzelne Joche in Gemengelage", sondern es war etwas Gewöhnliches.

2) Über die „Beunde" (von „binden", lat. clausura) vgl. die lehrreiche Darstellung bei LAMPRECHT, Wirtschaftsleben 1, S. 418 ff. und S. 759 ff.; v. SCHWERIN, Art. Beunde in HOOPS' Reallexikon 1, S. 269; Hessisches Urkundenbuch (HERA V. WYSS), I, 3, Glossar(bunde). Dialektisch kommt das Wort Beunde in mehreren Formen (Bend, Beint usw.) vor. Als Synonyma aus der Moselgegend verzeichnet LAMPRECHT: Acht, Achte, Kunde, Konde. Nicht alles, was L. über die Beunden sagt, trifft zu. So erweckt die von ihm öfters wiederholte Behauptung, daß es ein Charakteristikum der Beunde sei, in „Kollektivfron" beackert zu werden, irrige Vorstellungen. Auch hätte er nachdrücklicher hervorheben sollen, daß Beunde sehr oft einfach Wiese bedeutet. Es ist wohl der häufigste Gebrauch des Wortes. Vgl. meine Landst. Verf. in Jülich und Berg, III, 2, (Zeitschr. des bergischen Geschichtsvereins, Bd. 28/29), S. 25, Anm. 48, S. 28, S. 306 ff. (Nr. 77). Ebenda S. 316 (Nr. 80): benden und weiden. Endlich erklärt L. die Beunde als „ein vom Grundherrn allein mit Beschlag belegtes Allmendestück". Das ist jedoch für sie nicht wesentlich; ein Grundherr braucht es nicht zu sein. Schon die einfache Verwendung des Wortes Beunde für Wiese zeigt ja, daß die grundherrschaftliche Herkunft nicht wesentlich ist.

von neuen Gemeinden und der Erweiterung der Dorfflur zugute, begann aber in der karolingischen Zeit einigermaßen auch für die Vergrößerung der grundherrlichen Hofländerei verwendet zu werden und spielt für sie in den folgenden Jahrhunderten bis zum 13. eine beträchtliche Rolle: die Beunden[1]), d. h. Stücke der Allmende, die von einem einzelnen allein mit Beschlag belegt und aufgewonnen sind, nehmen dann innerhalb des Sallandes einen namhaften Raum ein, und zwar eben als Ländereien, welche nicht dem Flurzwang unterworfen sind. Ferner zieht der Grundherr, in bescheidenerem Maße, Stücke des alten Sallandes aus dem Zwang der Dorfflur heraus[2]). Allein trotzdem bleibt es dabei, daß das Salland grundsätzlich und in der Karolingerzeit auch noch ganz überwiegend tatsächlich dieselbe Stellung hat wie das Bauernland.

Und wie die Länderei des Fronhofes sich der Ordnung der Ackerflur der Gemeinde einfügt, so beseitigt er überhaupt nicht die Gemeindeverfassung und die eigene Tätigkeit der Gemeinde. Es ist keine Rede davon, daß — wie man wohl gemeint hat[3]) — grundherrliche Anordnungen an die Stelle des von der Gemeinde geübten Flurzwanges treten. Der Fronhof ist weit davon entfernt, in solcher Weise die Gemeinde aufzuzehren. Schon die Tatsache, daß sich in einem Dorf oft mehrere Fronhöfe finden, würde ja ein solches Verhältnis unmöglich machen. Der Grundherr hatte als solcher keinerlei Ansprüche und Rechte gegenüber

---

1) Siehe S. 55 Anmerkung 2.
2) Vgl. LAMPRECHT, Deutsches Wirtschaftsleben, S. 422.
3) BRUNNER, Rechtsgeschichte, 1, 2. Aufl., S. 311. Allerdings bezieht B. seine Behauptung nur auf „die geschlossenen grundherrlichen Dörfer" im Gegensatz zu „den freien Dorfschaften". Indessen räumlich geschlossene grundherrliche Dörfer (die sich ganz im Besitz eines einzigen Grundherrn befanden) gab es erstens überhaupt nicht viel. Zweitens hört auch bei diesen nicht eine eigene Tätigkeit der Gemeinde auf. Drittens bestand die Mehrzahl der Dörfer aus solchen, in denen sich Besitz verschiedener Eigentümer fand. Das Dorf mit mannigfachen Eigentums- und Besitzverhältnissen war das normale Dorf, das auch für die Beziehungen der Villenverfassung die Regel bildete. In ihm beseitigte, wie bemerkt, der Herrenhof keineswegs die eigene Tätigkeit der Gemeinde. BRUNNER steht hier unter dem Einfluß der Auffassung INAMAS und LAMPRECHTS (s. meine Entstehung der deutschen Stadtgemeinde, S. 18, Art. 49). WITTICH, Grundherrschaft in Nordwestdeutschland S. 145: „Nur soweit die patrimoniale Gewalt einen öffentlich-rechtlichen Ursprung hatte, übte sie Herrschaftsrechte über die Landgemeinde aus." WITTICH geht mit dieser Äußerung wohl etwas zu weit. Auch ohne öffentlich-rechtliche Grundlage (sei es anerkannte oder usurpatorische) haben Grundherren die Gemeindeverfassung beeinflußt, etwa in der Bestellung der Gemeindeorgane. Aber beseitigt haben sie die Gemeindeverfassung allerdings nie. Vgl. meine Entstehung der deutschen Stadtgemeinde, S. 16 ff. Natürlich ist hier nur von den Grundherren, nicht von den Gutsherren die Rede.

der Landgemeinde. Das grundherrliche Verhältnis bestand nicht zwischen dem Grundherrn und der Gemeinde, sondern zwischen dem Grundherrn und den einzelnen Bauern. So läßt die Villenverfassung denn auch weiter die Markgenossenschaft in ihrer Verfassung durchaus bestehen. Es bildete sich wohl, und zwar in zunehmender Zahl, ein Allmendeobereigentum von Grundherren, später der Landesherren aus. Allein abgesehen davon, daß dies nicht alle Marken ergreift, so war es erstens nur ein Ober-, ein begrenztes Eigentum, und zweitens fielen die Grenzen der Villikationsbezirke nicht mit denen der Markgenossenschaften zusammen. Der einzelne Villikationsherr konnte nur als Miteigentümer, als Markgenosse gelten[1]). Das Fronhofgericht endlich fiel gleichfalls keineswegs irgendwie regelmäßig mit einem Gemeindegericht zusammen; nur gelegentlich geschah es, nämlich dann, wenn es dem Fronhofherrn gelungen war, neben seiner Grundherrschaft noch eine gewisse Herrschaft über eine Ortsgemeinde auszubilden.

So nehmen wir also wahr, daß die Villenverfassung oder überhaupt eine grundherrschaftliche Organisation die Ortsgemeinde und die Markverfassung keineswegs in ihrer bedeutungsvollen Stellung beseitigt haben.

Einen bestimmten Anfangstermin für das Vorhandensein der Villenverfassung wird man nicht namhaft machen können. Wir haben uns ja davon überzeugt, daß sie aus einem schon für die Urzeit festgestellten Verhältnis hervorgewachsen ist. Im Zusammenhang mit dem stärkeren Anwachsen des grundherrschaftlichen Besitzes während der merowingischen Zeit wird sie ausgebildet und in der karolingischen zu schärferer Ausprägung gelangt sein, in den einzelnen Grundherrschaften natürlich hier früher, dort später, da vor allem am spätesten, wo der große Besitz sich erst später anhäufte, also im Osten später als im Westen. Deutlich erkennbar ist sie zuerst in Karls d. Gr. Zeit. Wir können gelegentlich auch nachher noch die Umformung eines grundherrschaftlichen Besitzkomplexes zur Villenverfassung beobachten[2]).

Ein Ausdruck der größeren Sorgfalt, welche die Grundherren jetzt ihrer Wirtschaft zuwandten, tritt uns in der Ausbildung einer schriftlichen Verwaltung, insbesondere in der Anlage umfassender Güter- und Einkünfteverzeichnisse und von Wirtschaftsvorschriften entgegen.

---

1) WITTICH, S. 279, meine Entstehung der deutschen Stadtgemeinde, a. a. O.
2) KÖTZSCHKE, Werden, S. 72 ff., schildert die Umformung im 11. Jahrh. für den westfälischen Besitz des Klosters Werden.

Aus römischen Einrichtungen übernahmen im fränkischen Reich, in Gallien, die Grundherrschaften, vor allem die kirchlichen, die Polyptycha und Brevia, Verzeichnisse von Besitz und Einkünften. Das fränkische Königtum interessierte sich zudem dafür, daß der kirchliche Besitz inventarisiert wurde; wiederholt haben die merowingischen und karolingischen Herrscher die Anfertigung von Inventaren für den kirchlichen wie für den königlichen Besitz verfügt. Aber die kirchlichen und privaten weltlichen Grundherrschaften legten auch von sich aus Polyptycha und Brevia, Breviaria, an [1] *).

Eine andere Art von Besitzaufzeichnungen haben wir in den Traditionsbüchern (seit dem 9. Jahrh.). Es sind Bücher, in welche die Schenkungs- und Tauschurkunden abgeschrieben wurden, mittelst deren die Rechtsgeschäfte abgeschlossen worden waren. Zum Teil sind sie nur Traditionsregister, d. h. Auszüge aus den Traditionsurkunden. In einer späteren Zeit trug man auch den Bericht über die Schenkung oder den Tausch direkt in das Buch ein, ohne daß vorher eine Urkunde darüber angefertigt worden war. Die Traditionsbücher gehören dem 10. bis 12. Jahrhundert an, und zwar dem südostdeutschen, bayerisch-österreichischen Gebiet. Sie verschwanden, als die Einzelurkunde — die (die Privaturkunde) man längere Zeit wegen ihrer geringeren Beweiskraft vor Gericht für leidlich entbehrlich gehalten hatte — wieder größere Bedeutung gewann.

Im übrigen Deutschland setzen sich die alten Polyptycha ohne das Zwischenglied der Traditionsbücher in den Urbaren (das Adjektiv urbar = ertraggebend ist uns ja noch ganz geläufig) fort. Namentlich aus den mittel- und niederrheinischen Landschaften besitzen wir alte Urbare. Ihre Zahl wird bald sehr groß.

Zu den Güter- und Einkünfteverzeichnissen gesellen sich die Wirtschaftsvorschriften. Das berühmteste Denkmal dieser Art ist das capitulare de villis, das man Karl d. Gr. zugeschrieben hat. Die neueste Forschung hat freilich die ihm zukommende geschichtliche Bedeutung herabgemindert. Denn nicht nur, daß sie die Herkunft von dem großen Kaiser bestreitet; vor allem sieht sie in dem capitulare de villis nicht eine für die Domänen des ganzen Frankenreiches bestimmte Wirtschaftsvorschrift — man vermutet

---

78) Vgl. O. REDLICH, Über Traditionsbücher, Deutsche Geschichtsblätter, Bd. 1; Derselbe, Bayerische Traditionsbücher und Traditionen, Mitteilungen des Instituts für österreichische Geschichtsforschung, Bd. 5; DOPSCH, Karolingerzeit, 1, S. 64ff.

*) Nachweise dieser Quellen im DAHLMANN-WAITZ, 9. Aufl., 1931, S. 130f.

in ihm eine von Ludwig d. Fr. zur Ordnung der auf Befehl Karls d. Gr. von den Großen wieder zurückgestellten königlichen Güter in Aquitanien erlassene Landgüterordnung etwa aus den Jahren 794/95 —, also nur für zeitlich und räumlich begrenzte Verhältnisse war sie bestimmt, und nur für die Verhältnisse eines begrenzten Gebietes würden daher aus ihr Rückschlüsse zu ziehen sein. Die Forschung betont weiter auch, daß es mehr innerhalb des historischen Flusses steht, als man früher angenommen hat, daß es mehr innerhalb eines Kreises voraufgehender, gleichzeitiger und nachfolgender verwandter Aufzeichnungen steht. Immerhin behält es hohen Wert als eine sehr eingehende, ja als die eingehendste Wirtschaftsvorschrift aus einem Zeitraum von Jahrhunderten vorher und nachher[1] *).

---

[1] Wenn man das Capitulare mit entsprechenden Briefen Gregors d. Gr. verglichen hat, sogar Karl d. Gr. zum Erlaß des cap. de villis durch die organisatorische Tätigkeit Gregors angeregt worden sein läßt, so ist dagegen mit Recht geltend gemacht worden, daß es dafür viel zu sehr in Einzelheiten eingeht. DOPSCH, Karolingerzeit, S. 70. Ich habe schon vor längerer Zeit darauf hingewiesen, daß das cap. de villis nicht als eine Schilderung rein deutscher Verhältnisse angesehen werden darf; s. Ztschr. f. Soz. u. WG., 5 (1897), S. 128; H. Z. 93, S. 315 (vgl. auch DOPSCH, Karolingerzeit, 1, S. 40, Anm. 2). Umfassende Untersuchungen widmet DOPSCH, Karolingerzeit, 1, S. 26 ff., dem cap. de villis; s. auch seine „Wirtsch. und sozialen Grundlagen der europäischen Kulturentwicklung", 1, S. 285. Über die Kontroverse zwischen DOPSCH und BAIST hinsichtlich der Heimat des cap. de villis (BAIST tritt im Gegensatz zu DOPSCH für Nordfrankreich ein) s. Vierteljahrschr. f. Soz. u. WG., Bd. 12 (1914), S. 22 ff.; Bd. 13 (1915), S. 41 ff. Vgl. auch E. SCHRÖDER, Ztschr. f. deutsches Altertum, Anzeiger, Bd. 37, S. 53 f.; GAREIS, Die Familia des capitulare de villis, in: Festschrift für G. KOHN (1915).

*) Vgl. ferner J. JUD und L. SPITZER, Zur Lokalisierung des sog. Capitulare de villis, „Wörter u. Sachen", Bd. VI (1914), S. 116 ff.; E. WINKLER, Zur Lokalisierung des sogenannten Capitulare de villis. Zeitschr. f. romanische Philologie, 37. Bd., S. 513 ff. (Letzterer spricht sich für südfranzösischen Wortschatz aus, erstere für mehr nordfranzösischen); A. DOPSCH, Das Capitulare de villis etc. Vierteljahrschr. f. Soz. u. W.G., Bd. 13 (1916); W. FLEISCHMANN, Capitulare de villis (1919); RUD. KÖTZSCHKE, Allgemeine Wirtschaftsgeschichte des Mittelalters (1924), S. 160 f. Die alte Ansicht, die das Capitulare als ein für alle Königsgüter gültige Vorschrift Karls d. Gr. auffaßte, ist in „klassischer" Form vertreten von K. GAREIS, Die Landgüterordnung Karls d. Gr. (1895). Neuerdings wörtlicher Abdruck des Capitulare samt deutscher Übersetzung bei J. BECKER-DILLINGEN, Quellen u. Urkunden zur Geschichte des deutschen Bauern, 1935, S. 542 ff.

III. Die Agrarverfassung der Feudalzeit (vom Ausgang der Karolingerzeit bis zum Ende des Mittelalters).

A. Eigentums- und Besitzverhältnisse.

Bis zum Ausgang der Karolingerzeit läßt sich die Ausbildung der Großgrundherrschaften rechnen. Sie treten uns jetzt in stattlicher Gestalt und namhafter Zahl entgegen; sie greifen jetzt weit in das wirtschaftliche Leben ein; sie haben sich in der Villenverfassung eine Organisation gegeben. Ihre Ausbildung ist damit fertig geworden*). Das schließt freilich nicht aus, daß sie noch weitere Fortschritte machen. In der Tat mehrt sich im 10. und 11. Jahrhundert ihre Zahl und meistens auch ihr Besitz, besonders im eigentlichen Deutschland und zumal in seinen östlicheren Landschaften; die kirchlichen Grundherrschaften sind ja gerade hier erst in nachkarolingischer Zeit entstanden oder wenigstens ausgebaut. Für den neuen oder vermehrten Besitz ist begreiflicherweise auch eben jetzt erst die Villenverfassung eingeführt worden. Immerhin werden sich im Auge dessen, der die Dinge von einem entfernteren Punkt aus überblickt, die Verhältnisse des ausgehenden 9. und des ausgehenden 11. Jahrhunderts nicht so sehr unterscheiden. Es handelt sich in dieser Zeit vorzugsweise nur um eine Vervollständigung des Systems.

Mit dem 12. Jahrhundert tritt für die Grundherrschaften ein Stillstand der Bewegung ein, zum Teil sogar ein Abbau an ihnen. Gruppen, die in Abhängigkeit von ihnen stehen, gelangen zu einer größeren oder auch vollkommenen Selbständigkeit. Neben den

---

*) Vgl. zu dem Problem des Lehenswesens, das ja mit dem Wirtschaftsleben und im besonderen der Grundherrschaft aufs engste verflochten ist, neuerdings das Buch von HEINRICH MITTEIS, Lehnrecht und Staatsgewalt, 1933. Daran anknüpfend: O. v. ZWIEDINECK-SÜDENHORST, Rechtsbildung, Staatsgewalt u. Wirtschaft, in: Jahrb. f. Nat. u. Stat., 143. Bd., 1936, S. 1 ff.

Grundherrschaften, den ländlichen Mächten, erhebt sich das Städtewesen mit fortschreitend zunehmendem Einfluß auf das Wirtschaftsleben der Nation. Doch würde man im Urteil gänzlich fehlgehen, wenn man von einem starken Rückgang der Grundherrschaften in diesen Jahrhunderten sprechen wollte. Nach wie vor haben sie vielmehr noch eine sehr große Bedeutung. Es ist nur die Mannigfaltigkeit des Lebens der Feudalzeit, die die Grundherrschaften nötigt, ihren Einfluß mit dem anderer Mächte zu teilen.

Im Hinblick auf die Tatsachen, welche wir hier geltend machen, könnte man geneigt sein, für die Periodisierung der Geschichte der Landwirtschaft das Ende des 11. Jahrhunderts als geeigneten Schnittpunkt zu bezeichnen. Wenn wir anders verfahren, so geschieht es aus der Erwägung, daß wir bei der im vorigen Abschnitt geschilderten Entwicklung das Wesentliche, das Gemeinsame, das Zusammenfassende in der Ausbildung der großen Grundherrschaften, in ihrem Reifwerden sehen. Weil die große Grundherrschaft uns am Ende der Karolingerzeit als etwas Fertiges entgegentritt und zunächst nichts Neues von Erheblichkeit hinzuzufügen vermag, machen wir dort einen Abschnitt. Im übrigen gestehen wir das Hindernis, das für unsere Periodisierung in den angedeuteten Verhältnissen liegt, bereitwillig ein. Und wir fügen sogleich hinzu, daß wir noch mit einer weiteren Schwierigkeit zu rechnen haben.

Das deutsche Volkstum macht im hohen Mittelalter eine Eroberung von weltgeschichtlicher Bedeutung im slavischen Osten, trägt wirtschaftliche und geistige Kultur über Flächen von außerordentlichem Umfang, erwirbt für sich ein gewaltiges eigenes Gebiet und bringt zugleich die Wohltat deutschen Rechts und deutscher Sitte zu Völkern, die, wie es scheint, für selbständige Hervorbringungen nur geringe Fähigkeiten besitzen. Die Kolonisierung und Germanisierung des riesigen Gebietes des slavischen Nordostens, die Hauptgrundlage dieser Vorgänge, setzt mit dem 12. Jahrhundert erst kräftiger ein. Eben damit aber ist wieder ein Widerstand gegen die von uns vorgeschlagene Periodisierung gegeben: das Jahr 1100 würde sich auch von hier aus als Anfang einer neuen Periode empfehlen. Indessen stellt auf der anderen Seite doch gerade die Kolonisationsgeschichte einige Tatsachen zur Verfügung, die für unseren Versuch sprechen. Einmal haben die Ansiedlungen der Deutschen im Osten doch auch schon vor 1100 eine beachtenswerte Geschichte. Die Kolonisierung und Germanisierung der südostdeutschen Landschaften, die allerdings ein kleineres Gebiet darstellen, vollzieht sich sogar recht eigentlich vom 10. bis zum

12. Jahrhundert; der Sieg Ottos d. Gr. über die Ungarn liefert hier ein wichtiges Datum; am Ende des 12. Jahrhunderts ist in dem Vordringen des Deutschtums in den Provinzen des späteren Österreich das Maß im wesentlichen erreicht, das wir heute verzeichnen. Im Nordosten nehmen wir wenigstens einige Anzeichen als Vorläufer der deutschen Kolonisation vor 1100 wahr. Sodann erhält eben hier die deutsche Politik seit dem Beginn des 10. Jahrhunderts, genauer seit der sächsischen Dynastie, eine stärkere Wendung zum Osten. Das 10. und das 11. Jahrhundert weisen eine große Zahl von Kämpfen mit den Slaven auf, die die folgende Kolonisation gleichsam einleiten.

Die Eroberung des Ostens durch die Deutschen ist zwar ganz überwiegend ein friedliches Werk. Nicht im Kampf, sondern ganz friedlich haben sie ihren Einzug gehalten; zum größeren Teil von den Slaven als Wohltäter herbeigerufen. Das einige Gebiet, das durch unmittelbare Eroberung gewonnen wurde, das Ordensland Preußen, war nicht slavisches Land. Aber auch hierhin kamen die Deutschen, gerufen von Slaven, den Polen; und auch hier wurden überall und von Anfang an die Siege von einer peinlichen Fürsorge für die Ordnung der Verhältnisse begleitet; unmittelbar im Rücken der Heere erfolgte die Kolonisation. Wenn außerhalb des Ordenslandes Eroberungskämpfe nicht zu verzeichnen sind, sondern das Deutschtum friedlich vordringt, so hat sich doch die allgemeine Entwicklung nicht ohne die Begleitung durch die Politik vollzogen. Die Kämpfe mit den Slaven im 10. und 11. Jahrhundert endigen nach wechselvollen Ergebnissen mit einem Übergewicht der deutschen Macht; nicht mit der Eroberung bestimmter Landschaften, aber mit der Herstellung des deutschen Übergewichts im allgemeinen. Sie gipfeln in zwei Ereignissen des 12. Jahrhunderts. Das eine ist: der letzte Hevellerfürst Pribislaw übergab letztwillig dem ihm befreundeten Albrecht dem Bären Brandenburg. Das andere Ereignis ist, daß Heinrich der Löwe sich mit den Obotritenfürsten einigte und auch sonst sein ostelbisches Slavenreich ausbaute. Durch diese in die Mitte des 12. Jahrhunderts fallenden Ereignisse waren Voraussetzungen geschaffen, die für das Vordringen der Deutschen nicht notwendig waren — denn es ist schon vorher in kräftiger Betätigung zu beobachten[1]) —, die ihm aber zustatten kamen, und den Einzug des deutschen Kolonisten zweifellos gefördert haben. Weiterhin sind deutsche

---

1) Vgl. M. TANGL, Der Aufruf der Bischöfe der Magdeburger Kirchenprovinz zur Hilfe gegen die Slaven aus dem Anfang des 12. Jahrhunderts. Neues Archiv für ält. deutsche Geschichtskde., XXX, S. 183 ff.

Bauern und Bürger von slavischen Fürsten ebenso wie von deutschen und innerhalb der slavischen Fürstentümer von slavischen Grundherren in größter Menge herbeigerufen und angesiedelt worden. In große Strecken über das später zum Deutschen Reich gehörige Gebiet hinaus brachten Deutsche deutsche Kultur und Sitte und deutsches Recht. Wie auf dem Land das deutsche Kolonistenrecht breiten Boden gewinnt, so ist das Stadtrecht in den slavischen Staaten durchaus deutsches Stadtrecht. Die städtische wie die staatliche Organisation verdanken die Slaven den Deutschen[1]), und ebenso sind sie im Landbau die Schüler der Deutschen.

An den politisch eingeleiteten, aber überwiegend sich in einfacher friedlicher Kolonisation bewegenden Einzug der Deutschen in den slavischen Osten knüpfen sich mehrere interessante Fragen. Zu verwerfen sind die „Urgermanentheorie" wie die „Ausrottungstheorie". Von den Germanen, die in der deutschen Urzeit die Gebiete von der Elbe bis zur Oder und der Weichsel bewohnt haben, sind ganz gewiß viele in dem dann von den Slaven eingenommenen Gebiet sitzengeblieben und haben ihnen ihre Ansiedlungen und das, was sie im wirtschaftlichen Leben erreicht hatten, übermittelt. Aber in der Zeit, als von Westen her die Deutschen von neuem in diesem Gebiet erschienen, fanden sie nicht mehr deutschsprechende Bewohner vor, die ihnen die Germanisierung hätten erleichtern können. Andererseits sind Slaven (im Ordensland: Preußen und Litauer), als die Deutschen ihren neuen Einzug hier hielten, in großer Zahl sitzengeblieben. Das Slavenland war dünn bevölkert und überreich an unbebautem Land; der Slave hatte sich noch nicht an die großen Sumpf- und Moordistrikte und die Urwälder gemacht. Da konnten Deutsche in Menge neben den Slaven Raum finden, und sie haben

---

[1]) R. F. KAINDL, Geschichte der Deutschen in den Karpathenländern, 3 Bände (1907 ff.). R. HOLTZMANN, Böhmen und Polen im 10. Jahrh., Ztschr. f. d. Gesch. Schlesiens, 52 (1918), weist nach, daß die alte polnische Dynastie der Piasten nicht slavischen, sondern germanischen Ursprungs gewesen ist: ihr Begründer war der Normanne Dago. Wir erhalten damit eine Parallele zu der Begründung des russischen Staatswesens durch die normannischen Waräger*).

*) Man steht heute der These von HOLTZMANN zum Teil skeptisch gegenüber. Vgl. in diesem Zusammenhang noch B. BRETHOLZ, Geschichte Böhmens u. Mährens, 1922/24; derselbe, Der Kampf um die Siedlungsfrage der Deutschen in Böhmen u. Mähren, 1922; derselbe u. E. MAETSCHKE in Mitt. d. österr. Instituts f. Geschichtsforschung, 38, 1920; W. UHLEMANN, Zur Frage nach dem Ursprung und der Herkunft der Deutschen in Böhmen u. Mähren, Histor. Vierteljahrsschrift, 22, 1925; A. MAYER, Völkerverschiebungen in Böhmen u. Mähren mit bes. Berücksichtigung der Markomannenfrage, Zeitschr. d. deutschen Vereins f. d. Geschichte Mährens u. Schlesiens, Bd. 26/27, 1925/25.

durch ihre emsigere Arbeit riesige Massen Land neu urbar gemacht, schon angebautes mit größerem Erfolg beackert. So wird es denn verständlich, wie das deutsche Element den östlichen Landschaften den Charakter verliehen hat, ohne daß die Slaven verdrängt worden sind. Sie sind allmählich, überwiegend bis zum Ausgang des Mittelalters, germanisiert worden. Zum Teil, jedoch nur zum kleinen Teil, hat allerdings eine Verdrängung der Slaven stattgefunden, indem hier und da örtliche Kämpfe die alte Bevölkerung aufrieben und ferner mehrfach Deutsche sich in slavischen Ortschaften niederließen. In diesem Falle aber fand nicht eine Vernichtung, sondern nur eine Umsiedlung von Slaven statt. Fehlt hiernach durchaus der Anlaß, die Germanisierung des Ostens durch die „Vernichtungstheorie" zu erklären, so werden wir sie vielmehr als eine gewaltige Vermehrung der Bevölkerung durch unvergleichlich stärkere Besiedlung und entsprechenden Anbau des Landes deuten.

In lehrreichen Abhandlungen wird die Frage erörtert, woher die Deutschen stammen, die diesen oder jenen Teil des Ostens besiedelt haben. Begnügen wir uns hier mit dem Hinweis auf die entscheidende Tatsache, daß es Deutsche waren, Deutsche von Flandern bis Ostfalen und Bayern, und schätzen wir uns glücklich, daß es uns damals vergönnt war, ein so weites Feld für die Betätigung des deutschen Volkstums zu gewinnen.

Der geringe Ausbau, den der Osten in slavischer Zeit gefunden hatte, läßt es zu, daß wir für ihn fast von einer erstmaligen Okkupation des Grund und Bodens durch deutsche Ackerbauer sprechen und sie mit den in Altdeutschland nach der Völkerwanderung einsetzenden großen Rodungen vergleichen dürfen; nur sind die Zahlen der neubegründeten Ortschaften und die Fläche des neu beackerten Landes zweifellos im kolonialen Deutschland noch größer gewesen als in der Zeit von der Völkerwanderung bis zum 12. Jahrhundert in Altdeutschland. Wir sind auch berechtigt, von einem Fortschritt, einem Vorschieben der altdeutschen Kulturarbeit nach dem Osten zu reden. Es knüpfen in der Tat, wie wir es noch weiter zu würdigen haben werden, die Formen des Ausbaues des Landes im Osten an solche an, die vorher in Altdeutschland nachweisbar sind[1]*).

---

[1] Literatur über die Germanisierung und Kolonisierung des deutschen Ostens findet man, allerdings nicht vollständig, in R. SCHRÖDERs Lehrbuch der deutschen Rechtsgeschichte, 6. Aufl. (1919), § 38 (am Schluß) und 41, bei KÖTZSCHKE, Wirtschaftsgeschichte, S. 109 f. und in DAHLMANN-WAITZ' Quellenkunde verzeichnet.

*) Es sei hier namentlich auf das wohl immer noch beste Werk dieser Schrifttumsgruppe hingewiesen: ED. O. SCHULZE, Die Kolonisierung und Germanisierung der Gebiete

Während wir es so im kolonialen Deutschland vom 12. Jahrhundert an noch mit einer Periode großer Urbarmachungen zu tun haben, kann von einer solchen für Altdeutschland seit etwa 1200 nicht mehr die Rede sein. Die Zahl der Ortschaften, die uns auf altdeutschem Boden im 13. Jahrhundert begegnen, hat sich bis zum 19. kaum vermehrt; mitunter hat man sich inzwischen sogar genötigt gesehen, eine Ansiedlung als nicht lebensfähig wieder aufzugeben*). Soweit in Altdeutschland noch ein Ausbau des Landes stattfand, beschränkte er sich auf die Erweiterung der vorhandenen Dorfflur, und auch hier wird er nicht zu hoch anzuschlagen sein. Eben der Umstand, daß auf altdeutschem Boden mit dem 12. Jahrhundert schon eine recht dichte Besiedlung erreicht war, lieferte eine der Ursachen für die Wanderungen deutscher Kolonisten nach dem Osten.

---

zwischen Saale und Elbe (Preisschriften, gekrönt u. hrsg. von der Fürstl. Jablonowskischen Gesellschaft, 33), 1896. Über die so wichtigen Vorgänge unter Otto d. Gr. vgl. die Schrift von ROBERT HOLTZMANN, Kaiser Otto d. Gr., 1936. Über das Eindringen der Slawen nach Thüringen und ihr Aufsteigen zu freien Besitzrechten und ihr Aufgehen in das sie umgebende Volkstum vgl. FR. LÜTGE: Die Unfreiheit in der ältesten Agrarverfassung Thüringens, Jahrbücher f. Nationalök. u. Statistik, 144. Bd., 1936. Hinsichtlich der weiter nördlich gelegenen Gebiete vgl. W. GLEY, Die Besiedelung der Mittelmark von der slavischen Einwanderung bis 1624, 1926; W. v. SOMMERFELD, Beiträge zur Verfassungs- und Ständegeschichte der Mark Brandenburg im Mittelalter, I. Teil, 1904; W. L. WALTHER, Die politisch-geographischen Grundlagen der Agrarverfassung des Herzogtums Magdeburg, 1906 (Dissertation). H. ERNST, Die Kolonisierung Mecklenburgs im 12. und 13. Jahr. (Beiträge Schirrmacher, II), 1875; W. v. SOMMERFELD, Geschichte der Germanisierung des Herzogtums Pommern oder Slavia bis zum Ablauf des 13. Jahrh. (Schmollers Forschungen, XIII, 5), 1896. Für Schleswig-Holstein vgl. außer dem grundlegenden Werk von M. SERING neuerdings auch: J. JESSEN, Die Entstehung und Entwicklung der Gutsherrschaft in Schleswig-Holstein, in: Zeitschr. d. Gesellschaft f. Schleswig-Holsteinsche Geschichte, Bd. 51, 1922. H. AUBIN, Wirtschaftsgeschichtliche Bemerkungen zur ostdeutschen Kolonisation, in: Aus Sozial- u. Wirtschaftsgeschichte (Gedächtnisschrift für Georg v. Below, 1928. (Hier auch besonders Ausführungen über Böhmen und Mähren und Auseinandersetzungen mit BRETHOLZ, ZYCHA, WEISZÄCKER usw.) Als Quellensammlung: R. KÖTZSCHKE, Quellen zur Geschichte der ostdeutschen Kolonisation im 12. bis 14. Jahrhundert, 1912, 2. Aufl. 1931. Auf die Bedeutung des an der deutschen Ostgrenze gelegenen Zwischenlandes weist neuerdings WERNER WITTICH, Der religiöse Gehalt der Kolonisation des ostelbischen Deutschlands, Jahrbücher f. Nationalök. u. Statistik, 144. Bd , 1936, hin. Wichtig ferner: RUD. KÖTZSCHKE, Das Unternehmertum in der ostdeutschen Kolonisation des Mittelalters, 1894. RICH. KOEBNER, Deutsches Recht und deutsche Kolonisation in den Piastenländern, in: Vierteljahrschr. f. Soz. u. WG., 25. Bd., 1932.

*) Vgl. die ausgedehnte Wüstungs-Literatur, die im besonderen in den Zeitschriften der regionalen Geschichtsvereine enthalten ist.

Die Bewegungen innerhalb der Landwirtschaft, die wir für Altdeutschland seit dem 12. Jahrhundert zu verzeichnen haben, sind wesentlich anderer Art als die ostdeutschen. Wir sprachen davon, daß im 10. und 11. Jahrhundert sich eine Vervollständigung des grundherrschaftlichen Systems der vorausgehenden Zeit beobachten läßt. Im 12. und 13. aber erfuhr es eine Erschütterung. Man bezeichnet sie als die Auflösung der Villenverfassung oder Fronhofswirtschaft. Es sind freilich dabei Vorgänge von verschiedener Bedeutung zu unterscheiden.

Die Vorsteher, die die Grundherren auf ihren Fronhöfen eingesetzt hatten, die villici, maiores, deutsch Meier, auch als Kellner bezeichnet[1]), waren Unfreie und standen als solche auf den Wink ihres Herrn zur Verfügung. Sie suchten sich jedoch selbständig zu machen und hatten den Ehrgeiz, als ritterliche Leute zu gelten. Ihre Haltung bildet ein Element in dem Aufsteigen von Unfreien zu Ministerialen, ritterlichen Unfreien. Die Geschichten von St. Gallen berichten von den Fronhofvorstehern; sie strebten danach, ihr Amt zum Lehen umzuwandeln, und nahmen ritterliche Lebenshaltung an („cellerarii ecclesiae iura villicationis in modum beneficiorum habere contendebant et contra consuetudinem quidem ex ipsis more nobilium gladium cingebant"). Aus den verschiedensten Gauen Deutschlands erfahren wir von einem Aufsteigen der Fronhofsvorsteher zu Ministerialen oder von solchen Versuchen und damit von einer Beseitigung ihrer alten Beamtenstellung. Das 12. und das 13. Jahrhundert sind die klassische Zeit dafür. Vorläufer der Bewegung zeigen sich im 11. Jahrhundert[2]). Sobald der Ministerialen-

---

1) Villicus und Kellner sind gelegentlich auch verschiedene Beamte gewesen. Vgl. CARO, Beiträge zur älteren deutschen Wirtschafts- und Verfassungsgeschichte, S. 94; KEUTGEN, Vierteljahrschr. f. Soz. u. WG., Bd. 8 (1910), S. 487.

2) Die Entwicklung ist schon längst beobachtet worden. Besonders eingehend hat sie mit der näheren Würdigung ihrer wirtschaftlichen Bedeutung WITTICH geschildert: Die Entstehung des Meierrechts und die Auflösung der Villikationen in Niedersachsen und Westfalen, Ztschr. f. Soz. und WG., Bd. 2, S. 1 ff.; ferner in seinem Buch: Die Grundherrschaft in Nordwestdeutschland, S. 271 ff. und S. 308 ff.; LAMPRECHT, 1. S. 862 ff. (reichhaltig, aber nicht überall haltbar); R. SCHRÖDER, Rechtsgeschichte, 5. Aufl., § 41. S. 440; KÖTZSCHKE, Deutsche Wirtschaftsgeschichte, S. 104 f.; Derselbe, Werden, S. 51 ff.; meine Landst. Verf. in Jülich und Berg, 1 (Ztschr. des bergischen GV., Bd. 21), S. 185, Anm. 45; STEINHAUSEN, Geschichte der deutschen Kultur (1904), S. 204; R. MARTINY, Grundbesitz des Klosters Korvey (Marburger Diss. von 1895), S. 54 und S. 69; NÖLDEKE, S. SIMON und JUDAS in Goslar (Göttinger Diss. von 1904), S. 52 ff.; BINDSCHEDLER, Kirchliches Asylrecht (1906), S. 159, Anm. 1; Ztschr. des bergischen GV., Bd. 6. S. 79; Bd. 12, S. 124. Die Nachrichten der St. Gallener Geschichtschreibung können natürlich zunächst nur für die Zeit gelten aus der sie stammen, nicht unbedingt für

stand sich schärfer ausgebildet und befestigt hatte, setzte sich die Ministerialität eines Grundherrn es auch zum Ziel, ihn zur Übertragung von Meierstellen an Mitglieder ihres Kreises zu nötigen[1]).

Wenn es aber dem Meier gelang, sein Amt zum Lehen umzuwandeln, so war damit, daß in dieser Zeit die Lehen sich im Mannesstamm forterbten, auch die Vererbung des Amts gegeben. Dieser Vorgang bedeutete, daß der Meier, wenngleich nicht rechtlich, so doch tatsächlich **selbständiger** Inhaber seines Amtes wurde. Der Lehnsinhaber des Meieramtes wollte nicht mehr die wirtschaftlichen Erträge der Villikation dem Grundherrn zur Verfügung stellen und stellte sie ihm wohl auch meistens nicht mehr zur Verfügung; er betrachtete sich als Ritter, der nur die üblichen Lehnspflichten, Reiterdienst und Hoffahrt, zu erfüllen habe. Auf diese Weise sind viele Villikationen, Fronhöfe mit zugehörigen abhängigen Bauernhöfen, den großen Grundherrschaften entfremdet worden. Der Meier, der sich zum ritterlichen Lehnsmann und tatsächlich selbständigen Inhaber des Meieramtes und dadurch der ganzen bisher von ihm verwalteten Villikation machte, bezog nun für sich die Einkünfte, die sie abwarf, und war jetzt Herr der Frondienste, die von den abhängigen Leuten auf dem Salland des Fronhofes zu leisten waren. Nichts kam mehr an den alten Grundherrn. Wir sind über solche Vorgänge namentlich aus kirchlichen Grundherrschaften unterrichtet. Wenn dies zunächst daran liegen wird, daß für ihre Geschichte die meisten Quellen vorliegen, so ist ihnen ein solches Geschick doch vielleicht auch tatsächlich am meisten beschieden gewesen. Denn der kirchliche Grundherr besaß militärisch nicht die gleiche Kraft, um die Ansprüche der Meier niederzuhalten. Aber auch die weltlichen Grundherrschaften, so die königliche, haben zweifellos auf jenem Weg Absplitterungen in beträchtlichem Umfang erfahren. Übrigens war dies nicht die einzige Art der Verminderung des grundherrschaftlichen Besitzes. Von der fränkischen Zeit her, vor und seit der Begründung des Lehnswesens, erheben die Kirchen Klagen über den Verlust von

---

die, über die sie berichten wollen. Nach dem Kölner Dienstrecht (Mitte des 12. Jahrhunderts) § 6 sind die Meier des Erzbischofs noch ein- und absetzbar. Freilich könnte man aus der scharfen Betonung dieses Grundsatzes auch schließen, daß die Sache schon etwas ins Wanken zu kommen begann.

1) Vgl. meine Landst. Verf. in Jülich und Berg, 1, Anm. 49 und 50; H. Z. 59, S. 226, Anm. 1; WAITZ, Verfassungsgeschichte, Bd. 6, 2. Aufl., S. 14, Anm. 4, und S. 31, Anm. 4. Zum Motiv s. auch WAITZ, Bd. 7, S. 368, Anm. 1. WITTICH, Grundherrschaft in Nordwestdeutschland, S. 309 Anm. 1.

Kirchengut. Namentlich klagen sie die Vögte an. Nicht selten mag der Vogt, der sich in den Besitz eines Teiles des bevogteten Kirchengutes setzte, eine ganze Villikation an sich gezogen haben*).

Wenn der große Grundherr infolge eines von den ritterlichen Kreisen ausgehenden Druckes Teile seines Besitzes abzugeben sich genötigt sah, so übte es andererseits die gleiche Wirkung, daß er von sich aus Lehnsleute mit Grundbesitz ausstatten mußte, um sich die nötige kriegstüchtige Mannschaft zu schaffen. Zumal derjenige Grundherr, der zugleich Landesherr war, kam in eine solche Lage; Ritterdienste waren ihm nicht weniger wichtig als Grundrenten. Auf diesem Wege splitterten sich ebenfalls einzelne Villikationen von einer großen Grundherrschaft ab[1]). Eine Parallele zu derartigen Abtrennungen liefert bei geistlichen Grundherrschaften die Teilung des Bistumsgutes in bischöfliches Mensalgut und Domkapitelsgut und des Klostergutes in Abtei- und Propsteigut. Auch hierdurch wurden etwas kleinere, freilich noch immer recht große neue Grundherrschaften gebildet.

Wir haben hier von einer Absplitterung von dem großgrundherrschaftlichen Besitz gesprochen. Das Villikationssystem an sich aber wurde dadurch nicht beseitigt. Der Meier, welcher sich zum selbständigen Inhaber seines Amtes gemacht hatte, wurde für sich ein Grundherr, nur ein kleinerer, ein Grundherr über eine einzelne Villikation, während sein ehemaliger Grundherr über mehrere verfügte. Und wenn der Meier Ritter geworden war und mit dem Ackerbau nichts zu tun haben wollte, so setzte er wieder seinerseits einen Verwalter, einen Meier, über seinen Fronhof; dieser hatte ihn ebenso zu verwalten, wie vorher der Ministerial ihn verwaltet hatte, bewirtschaftete also die Hofländerei des Fronhofs mit Hilfe der dafür zur Verfügung stehenden alten Frondienste, kassierte die Abgaben der abhängigen Leute ein und versah die Richterstelle im grundherrlichen Hofgericht an Stelle seines Grundherrn. Der Ritter, der eine Villikation als Lehen erhalten hatte, konnte das ihm zugewiesene Meieramt entweder selbst verwalten oder einen Beamten an seine Stelle setzen.

---

*) Vgl. ausführlicher darüber A. Dopsch, Karolingerzeit, 2. Aufl., Bd. I, S. 224 ff., S. 235 f., S. 312 f. passim.

1) H. Aubin, Die Weistümer des Kurfürstentums Köln, 1 (1913/14), S. 44, Anm. 1, führt Beispiele an, daß ein Hof mit einer Anzahl abhängiger Bauerngüter in jener Weise als Ritterlehen ausgetan wird. Allerdings umfaßte ein Ritterlehen keineswegs immer eine ganze Villikation, oft nur ein bescheidenes Gut.

Neben diesen Vorgängen, die nur eine Abbröckelung an den Großgrundherrschaften bedeuten, kam es jedoch auch zu grundsätzlichen Änderungen in der Villenverfassung.

Es schien eine Sicherstellung der Einnahmen des Grundherrn zu bedeuten, wenn er den Meier verpflichtete, jährlich eine feste Summe aus den Erträgen der Villikation abzuliefern, wenn er also an das eigene Dafürhalten und die Ehrlichkeit des Meiers nicht gebunden war. Er verzichtete damit auf die volle Erfassung der Erträge, verschaffte sich aber die Möglichkeit, auf eine bestimmte Summe rechnen zu können. Es war freilich die Frage, ob die Möglichkeit Wirklichkeit wurde, ob der Meier sich nun bereit zeigte, wenigstens diese feste Summe abzuliefern. Immerhin sehen wir, daß der Grundherr diesen Weg beschreitet.

Ein anderes Verfahren bestand darin, daß der Grundherr nicht Ministeriale, also Leute ritterlichen Standes, sondern Bauern, daß ferner der geistliche Grundherr statt der weltlichen Meier Kleriker als Verwalter der Villikationen bestellte. Wo dies sich nicht als möglich erwies — die ritterlichen Inhaber der Meierämter setzten solchen Versuchen begreiflicherweise Widerstand entgegen —, ließen die Grundherren die dienstmännischen Meier die Amtseigenschaft ihrer Stellung wenigstens ausdrücklich anerkennen oder diese Natur der Meierstellung gerichtlich, ja selbst durch Urteil des Kaisers festlegen[1]). Freilich war es dann noch immer die Frage, ob solche rechtlichen Festlegungen im praktischen Leben auch Nachachtung fanden. Wir haben uns gegenwärtig zu halten, daß die Grundherren in dieser Zeit mit den Inhabern der Meierämter in annähernd beständigem Kampf um die Anerkennung der Amtseigenschaft der Stellung lagen. Zum Zweck einer anderweitigen Verfügung über das Amt geschah es, daß der Grundherr vakante Meierämter nicht wieder besetzte und andere durch förmlichen Auskauf der (belehnten) Inhaber für die Grundherrschaft zurückerwarb[2]), ganz so wie der aufkommende Landesherr sein Territorium durch derartige Mittel gegenüber den Lehnsvögten zu sichern und zu erweitern suchte. Wiederum aber kam es hier darauf an, ob die Kreise, die solche Ämter beanspruchten, sich aus ihnen verdrängen ließen, ob sie nicht vielmehr auf die Grundherren einen Druck ausübten, sie ihnen von neuem zu übertragen.

---

1) WITTICH, Grundherrschaft, S. 311, Anm. 1.
2) CARO, Beiträge, S. 112, Anm. 3.

Solche Erfahrungen regten die Grundherren an, noch stärkere Änderungen in der Verwaltung ihres Besitzes einzuführen. Sie knüpften dabei an jenes Verhältnis an, daß es gelungen war, den Meier zur Zahlung einer festen Abgabe zu verpflichten. Wenn dies Verhältnis zunächst als commissio bezeichnet wurde, so kam bald die Bezeichnung pensio, ius pensionarium, Pacht, auf. Der Meier war zum Pächter, zum Zeitpächter geworden, zum Pächter einstweilen allerdings eines ganzen Villikationsbezirkes. Um aber die Selbständigkeit des Meiers zu brechen, wandten die Grundherren bald das radikale Mittel an, den Verband derjenigen Villikationen, die sie in ihre Hand zu bringen vermochten, ganz aufzulösen. Während sie die Fronhöfe im Pachtverhältnis der Meier beließen, trennten sie die abhängigen Bauerngüter (die „Lathufen", wie sie in Niedersachsen bezeichnet wurden) von jenen ab und verwandelten auch sie in Pachtgüter. Statt des abhängigen Zinsbauern saß fortan auch auf diesen Gütern ein Zeitpächter, der, nach dem Vorbild des Fronhofpächters, jetzt gleichfalls „Meier" genannt wurde. Zu dieser wesentlichen Umwandlung des Charakters der bäuerlichen Zinsgüter sahen sich die Grundherren freilich nicht bloß durch die unzuverlässige Haltung der Fronhofsmeier veranlaßt; die Entwicklung des bäuerlichen Zinsverhältnisses selbst bestimmt sie nicht weniger dazu.

Die abhängigen Bauern hatten allmählich — wir kommen darauf zurück — in der Regel ein, zum mindesten tatsächliches, wenn auch nicht immer formell anerkanntes, Erbrecht an dem von ihnen bewirtschafteten Gut erworben; der Grundherr konnte also den Bauern nicht beliebig von ihm entfernen. Die Leistungen der abhängigen Bauern waren ferner meistens fixiert: nur eine bestimmte Zahl von Tagen war der Bauer zum Frondienst verpflichtet und auch nur zu bestimmten Lieferungen, einem bestimmten Vieh-, Getreide-, Geldzins verbunden. Nun stieg im Laufe der Zeit der Wert des Grundbesitzes, namentlich infolge des Aufkommens der Städte, weil damit die Absatzmöglichkeit für die landwirtschaftlichen Erzeugnisse wuchs; die Landwirtschaft wurde rentabler. Von dieser größeren Rentabilität hatte aber überwiegend nur der abhängige Bauer Vorteil, in dessen fester Hand sich ja der Grundbesitz mit seinen wachsenden Einnahmen befand, während dem Grundherrn nur fixierte, vor längerer Zeit bestimmte Abgaben und Leistungen zustanden. Es ist dabei noch besonders zu berücksichtigen, daß der alte Geldzins wenig mehr bedeutete, da der Wert des Geldes infolge der Münzverschlechterung und aus anderen Gründen einen bedeutenden Rückgang erfahren hatte, daß weiter die Abgaben der Bauern in Getreide, dessen Preis beträchtlich stieg, verhältnismäßig gering waren. Die Frondienste büßten an Nutzen mit der Loslösung der Bauerngüter vom Fronhof, für dessen Hofländerei sie ja bestimmt waren, ein. Hinzu kam noch, daß die Vögte in den Immunitätsbezirken in Konkurrenz mit dem Grundherrn Ansprüche auf die Frondienste der abhängigen Bauern, wie auf deren Leistungen und Abgaben überhaupt, machten: Die Vögte, welche die Immunität schützen sollten, wurden für sie oft genug zur Plage[1]).

Solche Erwägungen waren es, die die Grundherren bestimmten, den komplizierten Apparat der alten Abhängigkeitsverhältnisse durch die einfache Güterverpachtung zu ersetzen. Die mannigfachen Dienste, Leistungen, Abgaben machten dem schlichten Pachtvertrag Platz. Nebenher gingen Bemühungen der Grundherren, von den Vögten loszukommen, die gerade das komplizierte System der alten Hintersassenpflichten zum Anlaß ihrer Forderungen genommen hatten. Freilich hatte die Beseitigung von Vogteien nicht bloß diesen Grund; der Streit um staatliche Gerichtsbezirke und staatliches Besteuerungsrecht spielt hier mit.

Der Verzicht des Grundherrn auf die alten Pflichten des Hintersassen bedeutete den Verzicht auf alle Äußerungen der Unfreiheit und der sonstigen Abhängigkeit, die die Villikationsverfassung mit sich gebracht hatte, also den Verzicht auf persönliche und dingliche Abgaben, Frondienste, Gerichtspflichten. Eine große Vereinheitlichung der Obliegenheiten trat ein: die bunten Leistungen und Dienste wichen der einheitlichen und einfachen Pacht.

Wo das System ganz rein durchgeführt wurde, handelte es sich um eine wahre Aufhebung der Unfreiheit, um eine Bauernbefreiung im vollen Sinne des Wortes. Diese erfolgte, indem der Grundherr auf die alten Pflichten des abhängigen Bauern verzichtete, der Bauer aber seine festen, erbrechtlichen Ansprüche auf das von ihm bewirtschaftete Gut aufgab. Der Bauer wurde ein freier, jedoch landloser Mann. Land konnte er erst wieder auf neuem Wege, durch den neuen Vertrag der Pacht erlangen, und nur auf Zeit in der Form der Zeitpacht. Er ist deshalb auch keineswegs immer sehr begierig nach der neuen Freiheit gewesen; überwiegend ging der Anstoß zu der Umwandlung gewiß vom Grundherrn aus. „Der Herr mußte dem Hörigen häufig den Ver-

---

1) Über die Motive und Anlässe der Auflösung der Villikationen s. ausführlich WITTICH, a. a. O. S. 316 ff.

zicht auf die Lathufe noch abkaufen, ihm nicht nur die Freiheit, sondern außerdem noch ein Stück Geld geben. Nicht selten mag er ihn auch gewaltsam mit der Freiheit beschenkt haben"[1]). Immerhin, eine Bauernbefreiung fand jetzt statt. Die Quellen sprechen mitunter ganz klar von einer solchen[2]), und wo die Freilassung nicht urkundlich belegt ist, da dürfen wir oft aus den feststehenden Tatsachen auf den entsprechenden Vorgang schließen.

Indessen die Befreiung ist nicht durchweg zum reinen Ausdruck gekommen. Das bunte Bild, das das Mittelalter gewährt, bietet sich uns auch hier dar. Schon der Umstand, daß die ganze Bewegung eine Auseinandersetzung, ein Kampf der einzelnen Grundherren als Einzelner mit ihren abhängigen Leuten war, nicht etwa von der Staatsgewalt geleitet wurde, läßt vermuten, daß sie einen im einzelnen verschiedenen Erfolg gehabt hat. Wie auf der einen Seite vollständige Villikationsverbände erhalten blieben, weil der ritterliche Meier allen Versuchen des Grundherrn, ihn zu beseitigen, standzuhalten vermochte, oder weil der Grundherr selbst sich etwa mit dem Bestehenbleiben des Verbandes abfand, da er über den Fronhofsvorsteher genügend fest verfügen zu können meinte, so ließen sich auf der anderen Seite die einzelnen abhängigen Bauern, wie schon bemerkt, nicht ohne weiteres aus ihrer Stellung entfernen. Der Grundherr hatte auch wohl den Ehrgeiz, dieses oder jenes alte Recht festzuhalten. All die Dinge, die im wirtschaftlichen wie politischen Kampf entscheidend mitwirken, persönliche Energie, geschickte Ausnutzung der Konjunkturen, zufälliger Stand der allgemeinen Verhältnisse, trugen dazu bei, der neuen Verfassung eine oft abweichende Gestalt zu geben. Es kam zu mancherlei Kompromissen zwischen dem alten und dem neuen System. So wird oft das grundherrliche Gericht auch bei Einführung der Pacht für die abhängigen Bauerngüter doch festgehalten: es entscheidet auch

---

1) WITTICH, S. 324.

2) 1149 bestätigt der Abt von Brauweiler die von seinem Vorgänger vorgenommene Verteilung der Güter, „que vulgari lingua sellant nuncapantur", welche ad curtem Kevenheim gehörten. Diese waren gegen Zins an die hofhörigen Leute zu beneficium ausgetan. Der villicus wurde beseitigt, und an dessen Stelle trat der missus des Klosters, an den sie ihre Abgaben liefern sollten. Sie werden deshalb befreit „ab omni iure et potestate . . . villici Clottonensi". Auch das Buding wird aufgehoben, und die Leute werden angewiesen, die drei ungebotenen Gerichte des advocatus in Clottene [des Richters des staatlichen Gerichts] zu besuchen. LANDAU, Salgut (1862), S. 240 (Lacomblet, Urk.Buch f. d. Geschichte des Niederrheins I, 1840, S. 367). Vgl. WITTICH, S. 325f. und S. 341 f. — Lacomblet, UB. II, Nr. 397, 589, 619, 631: Auflösung der alten Hofesgedinge und Ablösung der Kurende durch Geld.

über die Pachtzahlung wie früher über den alten Zins[1]). Die Frondienste verschwinden nicht ganz, trotzdem die Auflösung des Villikationsverbandes sie überflüssig zu machen scheint. Besitzwechselabgaben aus dem alten System werden festgehalten trotz des Widerspruches, in dem sie zu dem neuen Zeitpachtsystem stehen[2]).

Wenn somit das Vertragsverhältnis der Pacht nicht ohne Festhaltung älterer Belastungen durchgeführt worden, die Neuerung manchen Einschränkungen unterworfen ist, so begegnet uns immerhin jetzt, im ganzen genommen, ein durchaus neues System der grundherrschaftlichen Verwaltung. Man hat es das der reinen Grundherrschaft genannt, und in doppelter Beziehung trifft diese Benennung tatsächlich zu. Erstens ist auf dem Haupthof eines Villikationsverbandes die Eigenwirtschaft, sei es durch den Grundherrn, sei es durch seinen Verwalter, beseitigt. Zweitens besteht zwischen den Grundherrn und den Inhabern der ihm gehörenden einzelnen bäuerlichen Grundstücke das denkbar einfachste Band eines wirtschaftlichen Vertrages, das Pachtverhältnis, nicht mehr das Verhältnis der Herrschaft über Menschen und Land. In dem Maße nun, in dem der Gedanke des einfachen Pachtverhältnisses verwirklicht wurde, tritt die reine Grundherrschaft in die Erscheinung. Indessen haben wir uns gegenwärtig zu halten, daß keineswegs überall das einfache Pachtverhältnis eingeführt, vielmehr oft genug noch mancherlei von dem alten System festgehalten wurde, daß ferner, was noch wichtiger ist, in keiner deutschen Landschaft die Villikationsverfassung vollständig beseitigt worden ist.

Die Gebiete, in denen die Villikationsverfassung sachlich und räumlich am meisten zurückgedrängt wurde, sind vor allem[3]): der westliche Teil Niederdeutschlands (Niedersachsen, Westfalen, bis nach Hessen-Kassel hinein), demnächst Altbayern und die schwäbisch-bayerische Hochebene. Hier kommt eine rein grundherrliche Ver-

---

1) Vgl. meinen Widerspruch gegen LAMPRECHTS Auffassung in Histor. Ztschr. 63 (1889), S. 308; mit mir in Übereinstimmung HELDMANN, Geschichte des Deutschordens-Ballei Hessen, Teil I, SA. aus der Zeitschrift des Vereins für Hessische Geschichte, Neue Folge, Bd. 20, S. 179.

2) WITTICH, Grundherrschaft, S. 334. WOPFNER, Das Tiroler Freistiftrecht (SA. aus „Forschungen und Mitteilungen zur Geschichte Tirols und Vorarlbergs", 1905), S. 6. Über (freilich nicht erhebliche) Dienste, Fronden, die der Pächter zu leisten hat, s. LAMPRECHT, Wirtschaftsleben, 1, S. 966, Anm. 4.

3) Über die Verbreitung der neuen Form s. WITTICH (außer Grundherrschaft in Nordwestdeutschland, S. 323) Art. Gutsherrschaft, Handwörterbuch d. Staatsw., 3. Aufl., Bd. 5 (1911), S. 210.

fassung zum Ausdruck; freilich bleiben daneben in mehr oder weniger großer Zahl und mehr oder weniger sachlich unverändert alte Villikationsverbände bestehen; doch dringt die neue Form fortschreitend stärker vor. In den übrigen Teilen Südwestdeutschlands und in Mitteldeutschland bleibt die alte Grundherrschaft bestehen, oder vielmehr sie versteinert sich, indem sie sich in ein Konglomerat von Rentenberechtigungen verwandelt, während dem Grundherrn jede direkte Einwirkung auf das abhängige Bauerngut entzogen wird[1]*). Wir werden über diese Form noch weiter zu sprechen haben und ebenso über die Entwicklung der Grundherrschaft im deutschen Osten. Wir wiederholen aber nochmals, daß nirgends ein bestimmtes System die vollständige Herrschaft erlangte. So sei noch insbesondere hervorgehoben, daß in den Gebieten der versteinerten Grundherrschaft auch wiederum vielerlei Pachtgüter uns begegnen; nur spielen sie hier für das Ganze eine verhältnismäßig untergeordnete Rolle[2]).

Die Bezeichnung für das neue Pachtverhältnis ist in Niedersachsen Meierrecht, und bei der großen Verbreitung der Pacht heißt der Bauer darum sehr oft Meier. Das Wort, das ursprünglich einen Beamten bedeutet, hat diese Bedeutung ganz verloren. Weil auf das Amt des Meiers, des Fronhofvorstehers, zuerst das Pachtverhältnis angewandt wurde, ist das Wort Meier zur technischen Bezeichnung des Pächters geworden. Auch außerhalb Niedersachsens kommt das Wort in diesem Sinne vor; gelegentlich bezeichnet es, wie es scheint, den Bauern überhaupt[3]), wohl deshalb, weil die Bauern jetzt so oft ihr Gut zu Pacht hatten. In Hessen ist für Meierrecht der Ausdruck Landsiedelleihe üblich[4]). Wenn wir nach weiteren gleichbedeutenden Bezeichnungen suchen und da etwa, im

---

1) In einem gewissen Gegensatz zu WITTICH betont KÜHN, Das Bauerngut der alten Grundherrschaft, S. 1 ff., daß die Vorstellung von einer Erstarrung der alten Grundherrschaft in Südwestdeutschland doch nicht ganz zutreffe, sondern auch hier beträchtlichere Wandlungen zu verzeichnen seien.

*) Es darf dabei aber nicht übersehen werden, daß zwischen dem deutschen Südwesten und Mitteldeutschland wesentliche Unterschiede bestehen. Vgl. darüber F. LÜTGE, Die mitteldeutsche Grundherrschaft, S. 199 ff. Das ist auch für die folgenden Ausführungen stets in Rechnung zu stellen. Möglicherweise meint G. V. BELOW aber mit Mitteldeutschland Franken und Hessen und nicht Thüringen; dann ist ihm zuzustimmen.

2) Vgl. TH. KNAPP, Gesammelte Beiträge zur Rechts- und Wirtschaftsgeschichte vornehmlich des deutschen Bauernstandes (1902), S. 396.

3) TH. KNAPP, a. a. O. S. 392, Anm. 7: Der regelrechte Bauer (Hofbauer) heißt Meier im Gegensatz zum Kötter (Söldner).

4) Vgl. HELDMANN, a. a. O. S. 157 ff.

bayerisch-österreichischen Gebiet, auf das Wort Freistift[1]) stoßen, ergeben sich freilich Unterschiede in der Ausgestaltung des Pachtverhältnisses im einzelnen, die uns wiederum das sehr bunte Bild der mittelalterlichen Agrarverfassung vergegenwärtigen. Denn während der niedersächsische Meier sein Gut wohl meistens auf festbesimmte Pachtperioden von 3, 6, 9 oder 12 Jahren, also auf eine oder mehrere Umtriebszeiten der Dreifelderwirtschaft, nicht ganz so häufig auf Lebenszeit, seltener auf unbestimmte Zeit (kündbar zu jeder Zeit) erhält, ist es für das Freistiftrecht charakteristisch, daß der Grundherr den Baumann nach Ablauf jedes Jahres „abstiften" kann; aus eigenem Interesse, um eine raubbauartige Ausnutzung des Freistiftgutes zu verhindern, beließ er es ihm freilich in der Regel für Lebenszeit und begnügte sich mit der Möglichkeit, ihn durch Androhung der Abstiftung gefügig zu machen.

Die Verschiedenheiten in der Pachtform können nicht auffallen, wenn wir berücksichtigen, daß die Verwandlung des Meieramtes in ein Pachtverhältnis wohl den stärksten Antrieb zur Verbreitung der Pacht gegeben, nicht aber die Pacht überhaupt erst begründet hat. Die Pachtform läßt sich nämlich zeitlich weit zurückverfolgen. Man hat die Pacht, wie die freien (dem grundhörigen Verhältnis entgegengesetzten) Leiheformen überhaupt, aus der hofrechtlichen Leihe herleiten wollen[2]), weil konkrete Güter eines hofrechtlichen Verbandes in freie, rein kontraktmäßige Leihegüter verwandelt worden sind. Allein dieser Zusammenhang in konkreten Fällen beweist nichts für den rechtlichen Ursprung. Die Pacht an sich ist beträchtlich älter als die oben geschilderte Umwandlung

---

1) TH. KNAPP, S. 398; WOPFNER, Die Lage Tirols zu Ausgang des Mittelalters (1908), S. 13f.; Vierteljahrschr. Soz. u. WG., Bd. 4 (1906), S. 192, Anm. 2; DOPSCH, Österreichische Urbare, I, 1, S. CXLIII. (1904).

2) Ich bin dieser von LAMPRECHT u. a. vertretenen Ansicht in meiner Anzeige von E. V. SCHWINDs „Entstehungsgeschichte der freien Erbleihen" (1891) in den Jahrbüchern für Nationalökonomie, Bd. 59 (1892), S. 126f. entgegengetreten, im Anschluß an ERNST MAYER, DLZ. 1892, Nr. 8. Vgl. auch meinen „Ursprung der deutschen Stadtverfassung", S. 112. Inzwischen ist dieser Frage, die heute überwiegend in dem im Text vertretenen Sinn beantwortet wird, eine umfangreiche Literatur gewidmet worden. Eröffnet wurde sie durch S. RIETSCHEL, Entstehung der freien Erbleihe, Zeitschr. der Savigny-Stiftung für Rechtsgeschichte, Germ. Abt., Bd. 22. In der Vierteljahrschr. f. Soz. u. WG., Bd. 2 (1904), S. 327, konnte RIETSCHEL bereits feststellen: „Die bis in die jüngste Zeit geglaubte Herkunft der freien Erbleihe aus der Leihe zu Hofrecht kann heute ruhig in das Reich der Fabel verwiesen werden". Zur Literatur vgl. WOPFNER, Freie u. unfreie Leihen im späteren Mittelalter, in: Vierteljahrschr. f. Soz. u. WG., Bd 3 (1905), S. 1ff. u. Bd. 4 (1906), S. 190ff.; v. WRETSCHKO, DLZ. 1905, Sp. 2885; oben S. 38, Anm. 2.

konkreter grundhöriger Güter in freie Leihegüter. Sie ist die Fortsetzung der Precaria der fränkischen Zeit*) und hatte inzwischen dauernde Anwendung gewissermaßen neben den hofrechtlichen Verbänden, neben den Grundstücken, die dem Wirtschaftsbetrieb der Fronhöfe unterworfen waren, gefunden: insbesondere bei neuen Anlagen auf Rottland und neuen Erwerbungen, womit nicht gesagt sein soll, daß die Grundherren auf diesen beiden Gebieten etwa nur die freie Leiheform anwandten. Das Neue der mit dem 12. Jahrhundert einsetzenden Entwicklung liegt darin, daß nur in großem Umfang Güter des Fronhofverbandes in freie Leihegüter (Pachtgüter) umgewandelt werden, die freie Form auf sie ausgedehnt wird. Nach wie vor aber fand diese auch auf Neuerwerbungen und Neukulturen Anwendung, in gewaltigem Maßstab in der Kolonisierung und Germanisierung des slavischen Ostens.

Die Art der Pacht ist teils Geld-, teils, und zwar überwiegend, Naturalpacht gewesen. Bei dieser bevorzugte man die Form der Ablieferung eines Teiles des Rohertrages an den Grundherrn, den Teilbau. Die dafür übliche Bezeichnung der Halbpacht, des Pächters als Halfmann, Halfen (so dialektisch am Niederrhein), darf jedoch nicht wörtlich genommen werden: neben der Hälfte wird auch ein Drittel oder ein Viertel des Rohertrages abgeliefert[1]). Die sog. Halbpacht erfreute sich im Mittelalter einer außerordentlichen Beliebtheit; war Italien als mezzeria, parceria ebenso bekannt wie Frankreich als métayage, champars (campipars), wurde in den Kreuzfahrerstaaten auf den venetianischen Gütern angewandt und hat sich in Südeuropa auch noch länger als in Deutschland behauptet, wo sie heute nur noch eine ganz bescheidene Rolle spielt.

---

*) Vgl. zu der in der vorigen Anm. erwähnten Literatur Dopsch, Karolingerzeit, 2. Aufl., Bd. I., S. 18 ff.

1) Vgl. m. Landst. Verf. in Jülich und Berg, III, 2 (Zeitschr. des bergischen GV., Bd. 28), S. 35. Ritter, Zeitschr. des bergischen Geschichtsvereins, 20, S. 7. Meine Landtagsakten von Jülich-Berg, Bd. 2 (1907), S. 1002. Th. Knapp, Beiträge, S. 405 (Landgarbeteilgebühr). Über die Verbreitung des Teilbaues und die verschiedenen Teilbauquoten viel Material bei Roscher-Dade, Nationalökonomik des Ackerbaues, 14. Aufl., § 59, S 263 ff (1912). Bedenken wird man tragen, den Teilbau so sehr, wie Roscher es tut, einerseits als Vorstufe des Zeitpachtsystems, andererseits als dessen Ausartung aufzufassen. Er kommt gerade im deutschen Mittelalter als eine Art der Zeitpacht neben anderen Zeitpachtarten vor. Über Teilbau in der karolingischen Zeit s. Dopsch, 1, S. 252 f. Lamprecht, Deutsches Wirtschaftsleben, 1, S. 962: nomen et ius semicolarum (1247). Vgl. ebenda S. 981, Anm. 3. Über die Art der Erhebung der Halbpacht s. Zeitschr. des bergischen GV. 15, S. 84 f.

Wenn die bewegliche Zeitpacht, die das alte feste Zins- und Dienstverhältnis ersetzte, dazu dienen sollte, dem Grundherrn einen Anteil an dem steigenden Bodenertrag zu verschaffen, so wird man fragen, ob er denn nicht seinen Zweck unmittelbarer durch eigene Bewirtschaftung der den alten Zinsbauern entzogenen Besitzstücke zu erreichen die Neigung zeigte. Die Antwort lautet, daß eine solche Neigung nicht hervortritt. Der Fall der Zisterzienserklöster, die allerdings sich die Eigenwirtschaft auf größeren Flächen zum Ziel setzten, ist ganz singulärer Natur. Wie wenig der Sinn der Grundherren in jener Zeit auf eigene Bewirtschaftung auch nur eines Teiles ihres Besitzes gerichtet war, das erkennen wir weiter auch an den Neuerungen in denjenigen Landschaften, in denen die Villikationsverfassung sich mehr oder weniger behauptet hat.

Hier, also im mittleren und südwestlichen Deutschland, liegt die stärkste Neuerung gerade in der Beseitigung der Eigenwirtschaft auf den Haupthöfen. Auch hier wird der grundherrliche Eigenbetrieb, mit geringen Ausnahmen, aufgegeben. Von der Hofländerei wurden Stücke für die Bildung neuer Bauernstellen abgetrennt, das übrigbleibende Restgut in der Mehrzahl der Fälle verpachtet. Soweit nicht das Restgut in Eigenbetrieb bleibt, hält man ihn nur für die Wiesen und zum Teil für den Weinbau fest. Demgemäß verliert auch der Frondienst seine alte Bedeutung; eben bloß für den Wiesen- und Weinbau und für den Transport der als Zins oder Zehnten abgelieferten Früchte wird er noch wirklich gebraucht, sonst aber abgelöst. In bezug auf die sonstigen Leistungen und Abgaben der abhängigen Leute läßt sich zwar in diesen Landschaften ebenfalls eine gewisse Tendenz zur Vereinheitlichung beobachten. Indessen bleibt doch ein komplizierteres System bestehen. Die Genossenschaft der Grundholden mit ihren Rechten und Pflichten, ihre Vereinigung im grundherrlichen Hofgericht spielt hier eine größere Rolle. Im Hochgerichtsverband war die alte Grenze des Villikationsverbandes noch erkennbar. An der Stelle des einfachen Vertragsverhältnisses der Pacht, wie wir es in Niedersachsen fanden, begegnet uns das Lehen in mannigfachen Ausprägungen und mit mannigfachen Abgaben. Es blieb eine engere Verbindung von Unfreiheit und Grundherrschaft erhalten[1]). Die bisherige Hofländerei der Haupthöfe ferner wird

---

1) Zur Schilderung der geringeren Umwandlungen, die die Villikationsverfassung in diesen Landschaften erfuhr, vgl. außer KÜHN namentlich TH. KNAPP, Beiträge, S. 397ff., und HIS, Göttingische Gelehrte Anzeigen, 1903, S. 484ff.

nicht, wie in Niedersachsen, in einem Stück verpachtet, sondern zerschlagen und in Parzellen als bäuerliches Zinslehen ausgetan. Auch das trägt dazu bei, der Agrarverfassung dieser Landschaften ein buntes Bild zu verleihen. Wenn übrigens die alten Formen der Unfreiheit hier mehr erhalten bleiben, so schlägt deren Bewahrung freilich nicht zum Nachteil des Bauern aus. Man wird vielmehr behaupten dürfen, daß gerade der Rahmen der alten Formen der Unfreiheit ihm den größeren Anteil an der steigenden Grundrente sicherte. Die Versteinerung der Grundherrschaft in den mittel- und südwestdeutschen Gebieten bedeutet wesentlich ihren Verzicht auf die wirtschaftlichen Vorteile, die die Zeit bot.

Gemeinsam ist den Landschaften, welche sich mehr von der Villikationsverfassung entfernen, und denen, die noch mehr von ihr festhalten, das Zurücktreten der Eigenwirtschaft auf den Haupthöfen. Daher mußte sich auch hier wie da die Stellung des Fronhofsvorstehers, des alten Meiers, ändern. Wenn er aber übereinstimmend aufhörte, der Administrator der Hofländerei zu sein, sie für Rechnung des Grundherrn zu bewirtschaften, so konnte doch sein neuer Geschäftskreis sehr verschiedene Gestalt annehmen. Indem er in Niedersachsen zum einfachen Pächter der Hofländerei wurde, empfahl es sich durch die Natur der Dinge, ihm seine alten anderen Obliegenheiten gleichfalls abzunehmen, die Leitung der Frondienste, die Erhebung der Abgaben der abhängigen Leute, die Vorsteherschaft im grundherrlichen Hofgericht. Man durfte ihm, der nicht mehr Beamter war, diese Amtsobliegenheiten nicht mehr so ohne weiteres belassen. Da es ferner gerade hier Frondienste nur noch in ganz bescheidenem Maße gab, so würden deren Leitung, die Erhebung der Abgaben und die Gerichtstätigkeit für einen alten Villikationsbezirk, einen Mann nicht genügend beschäftigt haben, zumal die Verwandlung der alten mannigfaltigen Abgaben in die schlichte Pacht eine Vereinfachung und Verminderung der Arbeit zur Folge hatte. Der Grundherr unterstellte deshalb die Pachtgüter mehrerer alter Villikationsbezirke einem einzigen Beamten, der nun nicht mehr landwirtschaftlicher Administrator, sondern einfacher Rentmeister war. Dabei blieben im einzelnen wiederum noch einige Variationen übrig, je nachdem man die Verwaltung der jetzt sehr geringen Frondienste und die ebenfalls sehr bescheiden gewordene gerichtliche Tätigkeit dem Rentmeister mit übertrug oder anderswo unterbrachte. Die alten Villikationsbezirke wurden jedenfalls wesentlich durch Renteibezirke ersetzt.

Diesem Verhältnis kamen auch die Landschaften, welche den Rahmen der Villenverfassung noch leidlich festhielten, recht nahe: auch in ihnen trat an die Stelle des energisch zusammengefaßten Wirtschaftsverbandes die curia dominicalis cum censibus[1]). Nur bestand der Unterschied, daß hier die alte curia dominicalis, der Haupthof, doch noch ein Mittelpunkt blieb, gelegentlich in der Gestalt etwa eines Restgutes auch noch in der älteren Art erhalten wurde, während in Niedersachsen der Haupthof und die Latenhöfe gleichartige einfache Pachtgüter geworden waren. Es war auch noch ein kleines Mehr von Frondiensten zu leisten und ein Erheblicheres von grundherrlicher Gerichtsbarkeit zu besorgen als in Niedersachsen. So ist es denn verständlich, daß in diesen Landschaften der alte Fronhofsvorsteher sich noch eher behauptet. Doch auch hier wird er überwiegend zum Rentbeamten.

Im übrigen lassen sich an die Würdigung dieses Amtes lehrreiche Betrachtungen über die dem Mittelalter eigentümlichen Kompetenzvereinigungen, über den Kampf zwischen privater und staatlicher Deutung des Amtes und über den Fortschritt der Verwaltungstechnik anknüpfen. Wir wollen hier namentlich die Frage aufwerfen, in welchem Maß mit der Verpachtung des Fronhofes obrigkeitliche Befugnisse verpachtet worden sind. Im kolonialen Deutschland sind vom 17. bis ins 19. Jahrhundert hinein mit den landesherrlichen Domänen umfassende obrigkeitliche Befugnisse, die auf dem Domänenland auszuüben waren, verpachtet worden. Der Titel Amtmann hat dort ebenso die Bedeutung Domänenpächter erhalten wie in Altdeutschland der Titel Meier die Bedeutung Fronhofpächter und schließlich Pächter überhaupt. Der Unterschied zwischen dem kolonialen Deutschland und Altdeutschland gibt sich aber darin kund, daß, während dort die Mitverpachtung obrigkeitlicher Befugnisse die Regel ist, sie hier nur eine bescheidene Rolle spielt. Die Verpachtung eines ganzen, unversehrten Villikationsverbandes, die eine wirkliche Parallele zu der Verpachtung eines Domänenamtes im östlichen Deutschland darstellt, kann bloß als Übergangserscheinung gelten. Die Pacht wurde in Altdeutschland überwiegend auf die einzelnen Besitzstücke des aufgelösten Villikationsverbandes angewandt, und mit dieser Auflösung vereinigte sich vielfach ein Verzicht des Grundherrn auf einen beträchtlichen Teil obrigkeitlicher Rechte oder ein Verfall grundherrlicher obrigkeitlicher Rechte. Der bisherige Unfreie wurde mehr als bisher der staatlichen

---

1) Vgl. KÜHN, S. 7.

Gewalt unterworfen. So blieben denn in Altdeutschland so viel obrigkeitliche Befugnisse für die grundherrliche Verpachtung überhaupt nicht übrig wie im kolonialen Deutschland. Wenn die Grundherren aber immerhin noch recht viele Hofgerichte behielten, so haben wir weiter die bemerkenswerte Tatsache festzustellen, daß ihre Verpachtung selten ist[1]). Altdeutschland zeigt darin einen weniger patrimonialen Charakter als das koloniale Deutschland.

Als bemerkenswerte Erscheinung mag ferner verzeichnet werden, daß im späteren Mittelalter bei den großen Grundherrschaften die Neigung hervortritt, die Hebestätten für die Einnahmen von ihren ausgedehnten Besitzungen, die Renteien, in Städte zu verlegen[2]).

Die vorstehenden Darlegungen lehren uns, daß die Auflösung der Villikationsverfassung, an sich ein Akt der technischen Verwaltung, darüber hinaus eine starke Wirkung geübt hat. Nächst der Kolonisierung des Ostens, hinter ihr an allgemeiner Bedeutung allerdings weit zurückstehend, ist sie das größte Ereignis der deutschen Agrargeschichte des hohen Mittelalters. Ihr reiht sich als weiteres bedeutungsvolles Ereignis das Eingreifen der Gerichtsherrschaft in die wirtschaftlichen Verhältnisse an.

Die Gerichtsgewalt, mit der wir es hier zu tun haben, ist die alte gräfliche, deren Inhaber ihre Ansprüche unter den drei Titeln des Grafen, des Vogts und des technisch sog. Herrn geltend machen. Auch der mit dem bloßen Titel Herr ausgestattete Inhaber der gräflichen Rechte ist eine bekannte Erscheinung der alten Zeit[3]); jahrhundertelang sind solche Herren in deren Besitz gewesen, ohne sich zu einem höheren Titel aufzuschwingen: so

---

1) Beispiele bei H. AUBIN, a. a. O. S. 30 (nicht ganz sicher) und S. 85, Z. 22; HIS, a. a. O. S. 485: „Hofrichter, wie es der alte Meier war, ist der ‚Hofmann' (der das Hofland in Pacht hat) in der Regel nicht: die richterliche Tätigkeit liegt einem besonderen Schultheißen ob". Zwei Ausnahmen verzeichnet HIS von dieser Regel.

2) Vgl. z. B. KÖTZSCHKE, Werden, S. 96 f.

3) Freilich ist nicht jede als Herr titulierte Person ein solcher Herr. In einem beträchtlichen Teil Deutschlands machte man den Unterschied, daß Conradus Dominus de H. der Gerichtsherr (Landesherr) von H. war, Dominus Conradus de H. aber nur ein Ritter von H. — Eine Warnung vor der von mir von jeher bekämpften Ansicht der Dilettanten, daß die Landesherrschaft aus der Grundherrschaft hervorgegangen sei, wird vielleicht hier doch nicht überflüssig sein, da sie in der Literatur leider noch nicht ganz verbannt ist. Vgl. dazu m. Landst. Verf. in Jülich und Berg, II (Zeitschr. des bergischen GV., Bd. 22), S. 46, Anm. 160; H. Z. 63 (1889), S. 296 ff. (gegen LAMPRECHT gerichtet); vgl. auch meinen Aufsatz Zur Frage nach dem Ursprung der ältesten deutschen Steuer, in: Mitteilungen des Instituts für österreichische Geschichtsforschung, Bd. 25, 1904, S. 461 ff.; s. a. Histor. Vierteljahrschr., Bd. 10, 1907, S. 408 ff.

die Herren von Lippe und Hohenlohe, die trotz ihres geringeren Titels dieselben Rechte in ihren Gebieten besaßen wie etwa die Grafen von Jülich oder Württemberg. Diese Herren sind die Landesherren, wie sie seit dem 13. Jahrhundert mit reichsrechtlicher Anerkennung heißen.

Nachweislich seit dem 12. Jahrhundert erheben alle Inhaber der gräflichen Rechte in Deutschland eine Steuer, die Bede (petitio), womit sie eine kleine wirtschaftliche Revolution hervorbringen. Doch nicht dieser ihr Anspruch soll uns hier beschäftigen; denn die Bede trifft nicht bloß die Landwirtschaft. Andere Ansprüche aber, die die Gerichtsherren erhoben, trafen ganz oder überwiegend die Landwirtschaft und ländliche Kreise. Dies gilt schon von dem Anspruch auf den Neubruchzehnten, den die Landesherren seit dem 13. Jahrhundert in Konkurrenz mit den Bischöfen erhoben[1]). Während der Zehnte von Haus aus lediglich kirchliche Abgabe, Forderung der Kirche, ist und zunächst nur durch Verleihung oder Usurpation in Laienhand kommt, begründet jener landesherrliche Anspruch auf den Zehnten von frisch gerodetem Land ein ursprüngliches Laienrecht auf den Zehnten. Jünger, nachweisbar seit dem 14. Jahrhundert, ist das Jagdregal, der Anspruch des Landesherrn insbesondere auf die hohe Jagd in seinem ganzen Territorium[2]). Der Anspruch auf den Rottzehnten und das Jagdregal sind indessen Besonderheiten im Vergleich mit dem umfassenden System von Forderungen, das die Landesherren, namentlich seit dem 13. Jahrhundert[3]), gegenüber den in ihren Gerichtsbezirken

---

1) S. m. Landst. Verf. a. a. O. S. 47, Anm. 162. H. SCHÄFER, Regesten zu den Kölner Pfarrarchiven, I, S. 3 (1248). HERMELINK, Zeitschr. für Kirchengeschichte 28, S. 472. Zeitschr. des bergischen GV., 15, S. 183 (1344). B. KMIOTEK, Siedlungen u. Waldwirtschaft in Salzforst (1900), S. 160. RUD. KÖTZSCHKE, Rheinische Urbare, Bd. 2: Werden (Publikationen d. Ges. f. rhein. Geschichtskunde, Bd. 20) (1906). I, S. XXI. C. G. v. WÄCHTER, Handbuch des im Kgr. Württemberg geltenden Privatrechts (1839), I, 1, S. 168: Herzog Christoph erklärt 1552 den Novalzehnten zum Vorteil seiner Kammer für ein Regal.

2) Über die ältesten Beispiele des landesherrlichen Jagdregals s. m. Landst. Verf. a. a. O. S. 42 ff. Vgl. A. TILLE, Die bäuerliche Wirtschaftsverfassung des Vintschgaues (1895), S. 113; FR. ARENS, Das Tiroler Volk in seinen Weistümern (1904), S. 29; FEHR, Breisgau, S. 132 ff.; ED. ROSENTHAL, Geschichte des Gerichtswesens und der Verwaltungsorganisation Baierns, I (1889), S. 364.

3) Über die Anfänge s. H. Z. 58, S. 199 f. (verwandte Stellen: HEIGEL und RIEZLER, Das Herzogtum Bayern zur Zeit Heinrichs des Löwen und Otto's I. von Wittelsbach (1867), S. 154 [1185]; O. MEINARDUS, UB. des Stiftes Hameln I, 577, und DONAT, a. a. O. S. 23; ED. ROSENTHAL, Beiträge zur deutschen Stadtrechtsgeschichte, Heft 2: Straubing (1883), S. 250; mein Territorium und Stadt, S. 315 ff. Über die

sitzenden Landleuten geltend machen. Obwohl diese Forderungen der allgemeinen Absicht nach auch die Städter treffen, so bleibt doch die Stadt, als die große Privilegskörperschaft der Zeit, davon in der Praxis mehr oder weniger verschont, ebenso wie die privilegierten Klassen der Geistlichkeit und der Ritterschaft. Mit diesem umfassenden System von Forderungen tritt der Gerichtsherr in Konkurrenz mit den privaten Herren, dem Grundherrn und dem Leibherrn, und verlangt von den Insassen seiner Gerichtsbezirke so ziemlich alles das, was jene verlangen. Beschränkung der Freizügigkeit, der freien wirtschaftlichen Bewegung überhaupt, Ansprüche auf Abgaben und Dienste machen dies System aus. Namentlich sind es mannigfaltige und ausgedehnte Dienste, die der Landesherr für sich beansprucht. Hierin übertrifft er sogar die privaten Herren. Um es sogleich hervorzuheben: seit etwa dem 13. Jahrhundert sind die dem Gerichtsherrn geleisteten Frondienste bedeutender als die dem Grundherrn geleisteten[*]. Im Laufe der Zeit verstärkt sich diese Stellung des Gerichtsherrn, während gleichzeitig die des Grundherrn und des Leibherrn zurückgedrängt wird. Wenn teilweise allerdings auch jener und diese gemeinsam auf Kosten des abhängigen Mannes vordringen, so kommt doch anderswo der Zwiespalt der Herren dem Bauern zu statten, und zwar ist es, wie bemerkt, meistens der private Herr, der den Schaden trägt. In manchen Landschaften des Westens ist, wenigstens in der neueren Zeit (16.—18. Jahrh.), die Gerichtsherrschaft die stärkere Einrichtung. Der große Bauernaufstand hat sich auch überwiegend an den gerichtsherrlichen Forderungen entzündet[1][**].

---

allgemeine Bedeutung der Gerichtsherrschaft s. WITTICH, Grundherrschaft, S. 147 ff. und S. 64*; TH. KNAPP, Beiträge, S. 113 ff. und S. 418 ff.; TH. LUDWIG, Der badische Bauer im 18. Jahrhundert (1896), S. 15 ff. und S. 20 ff.; Derselbe u. P. DARMSTÄDTER, Die Befreiung der Leibeigenen in Savoyen, der Schweiz und Lothringen (1897), S. 121 ff. (dazu GOTHEIN, H. Z. 81, S. 532 ff.; STOLZE, in: SCHMOLLERS Jahrbuch für Gesetzgebung, 1900, 2. Heft, S. 357 ff.). DARMSTÄDTER, S. 152: „Die Dienste entspringen dem öffentlichen Interesse (Justiz, Militärwesen, Verkehr); aber weit häufiger sind doch diejenigen Verrichtungen, die nur im wirtschaftlichen Interesse des Herrn stattfinden".

[*] Das gilt in erster Linie nur für Teile des südlichen und westlichen Deutschland, namentlich in den Gegenden mit großer territorialer Zersplitterung.

[1] Über die Ursachen des Bauernaufstandes s. mein Territorium und Stadt, (1900), S. 64 ff.; meine Ursachen der Reformation (1917), S. 59 ff.

[**] Über diese ja sehr verschieden beantwortete Frage vgl. den Aufsatz von HANS NABHOLZ „Zur Frage nach den Ursachen des Bauernkrieges 1525", in: Aus Sozial- und Wirtschaftsgeschichte (Gedächtnisschrift für GEORG V. BELOW), 1928, S. 221 ff. Neuestens ferner das umfassende Werk von GÜNTHER FRANZ, Der deutsche Bauernkrieg, 2 Bände,

Wenn die Gerichtsherrschaft, die solche Forderungen stellt, die Landesherrschaft ist, so haben wir freilich zu berücksichtigen, daß sie Abspaltungen erlitten hat. Teile der landesherrlichen Gerichtsgewalt gingen auf Private über, die nun ihrerseits sich an der Stellung jener Forderungen auch beteiligen. Dies Verhältnis, daß im Territorium Landesherr und Landsassen gleichartige Ansprüche erheben, erschwert oft die Übersicht über die Dinge und läßt nicht immer sogleich die rechtliche Grundlage der Forderung klar erkennen. Der Grundherr kann Teile der landesherrlichen Gewalt erwerben wie umgekehrt noch leichter der Landesherr die Grundherrschaft. Im ganzen jedoch treten uns die Gegensätze in den Diensten und Abgaben recht greifbar entgegen. Auch der Gegensatz zwischen grundherrlichem (Fronhof-) Gericht und landesherrlichem Gericht (oder einem auf dieses zurückgehenden) ist deutlich, und es gibt nichts, was die Erkenntnis mehr hindert, als die Zusammenfassung der verschiedenen Ansprüche unter dem gemeinsamen allgemeinsten und darum rechtlich nichtssagenden Titel der „bäuerlichen Lasten"[1]. Nur die klare Scheidung der Kompetenzen nach ihrem Ursprung führt uns zu dem Wesen der Dinge.

Die Erkennbarkeit der Unterschiede wird durch das bedeutungsvolle Moment erleichtert, daß keineswegs alle private Herren, Grundherren oder Leibherren, eine auf die landesherrliche Gewalt zurückgehende Gerichtsbarkeit erworben haben. Es stellt einen folgenreichen Entwicklungsgegensatz zwischen Altdeutschland und dem kolonialen Deutschland dar, daß hier ein solcher Erwerb annähernd allgemein, dort nur teilweise eingetreten ist. In Altdeutschland haben die Landesherren ihre Befugnisse besser zu wahren gewußt[2]. Darum sind hier die Bauern mehr im Zusammenhang mit der staatlichen Gewalt geblieben, während sie im kolonialen Deutschland mehr unter die Botmäßigkeit der privaten Herren gelangten. Der stärkere Gegensatz zwischen dem Landesherrn und den privaten Herren, der in Altdeutschland bestand, kam dann, wie erwähnt, auch den altdeutschen Bauern vielfach zugute.

1933—35. Er geht sehr eindringlich auf die Unterschiede in den Faktoren ein, die in den verschiedenen von dieser Bewegung ergriffenen Gebieten treibend oder fördernd wirksam waren. Eine einheitliche Formel läßt sich nicht geben.

1) H. Z. 84 (1900), S. 121 und S. 277; mein Territorium und Stadt, S. XV, Anm. 2.

2) S. m. Territorium und Stadt, S. 11 ff.; Zeitschr. für Sozialwissenschaft, 7. Jahrg., (1904), S. 387.

Nachdem wir auf diese argrarischen Hauptaktionen des hohen Mittelalters — die Kolonisierung des Ostens, die Auflösung des Villikationsverbandes, das Eingreifen der Gerichtsherrschaft (Landesherrschaft) in die wirtschaftlichen Verhältnisse — in ihrer allgemeinen Bedeutung hingewiesen haben, suchen wir uns durch einen annähernden Querschnitt der Dinge das zuständliche Element in den Eigentums- und Besitzverhältnissen zu vergegenwärtigen. Wenn die Würdigung jener Hauptaktionen uns bereits Einblicke in die durch sie bewirkte Verschiebung der Eigentums- und Besitzverhälnisse vermittelt hat, so wird die folgende Betrachtung uns noch mehr Gelegenheit dazu bieten. Wir beginnen mit dem Gegensatz von frei und unfrei.

Den lange herrschenden Irrtum, als ob seit der Karolingerzeit nur Herren und Knechte einander gegenübergestanden hätten, haben wir schon zurückgewiesen. Auch das hohe Mittelalter kennt einen zahlreichen freien deutschen Bauernstand. Wenn das große Ereignis der Auflösung der Villenverfassung eine Bauernbefreiung herbeiführte, so hat doch vor ihm ein freier Bauernstand in Deutschland nicht gefehlt.

Es gab erstens freie Bauern, die zugleich freie Grundeigentümer waren, die alten technisch sog. Gemeinfreien. Ihre Zahl schmolz im Laufe der Zeit allerdings zusammen. Sie kamen in Abhängigkeit von einem Grundherrn, der ihnen entweder die persönliche Freiheit oder das Eigentum am Grundbesitz oder auch beides raubte. In späterer Zeit drückte der Gerichtsherr Gemeinfreie herab. Ein Teil der alten freien Bauern ist auch in die Ministerialität eingetreten, also zum Ritterstand aufgestiegen, wenngleich zunächst um das Opfer der persönlichen Freiheit.

Zweitens gab es Freie, die auf fremdem Grund und Boden saßen. Wie die freien Leiheformen, an die Precaria anknüpfend, in die fränkische Zeit zurückreichen, so hat es dementsprechend seit der gleichen Zeit Freie auf fremdem Grund und Boden gegeben. In der Folge hat sich ihre Zahl beträchtlich vermehrt. Wir haben uns ja eben über die große Ausbreitung des Pachtverhältnisses seit dem 12. Jahrhundert unterrichtet, welches so viele freie Pächter schuf. Persönlich frei war ferner die Masse der deutschen Kolonisten, die im Osten in jenen Jahrhunderten angesetzt wurden; ihr Besitzverhältnis war sogar günstiger als das der erwähnten altdeutschen Pächter, da es erblich war.

Oft ist es nicht leicht erkennbar, ob der Bauer freier Eigentümer oder ein freier Mann auf fremdem Grund und Boden oder gar ein Unfreier mit erblichem Grundbesitzrecht ist. Nehmen wir als Ausgangspunkt das freie Eigentum des freien Mannes, so konnte im Laufe der Zeit das ihm eigentümlich zustehende Gut so sehr durch die Bestellung von Gilten und Renten belastet sein, daß es einem von Haus aus abhängigen Zinsgut glich. Umgekehrt konnte auch einem abhängigen Mann mit seinem abhängigen Gut die Wandlung der Zeiten eine solche Verbesserung seiner Lage bringen daß er einem freien Eigentümer nahekam. Durch Reallasten beschwerter Besitz ist durchaus die Regel bei den Bauerngütern. Wie aber ist das Rechtsverhältnis im einzelnen zu deuten? Wir hören (namentlich in den neueren Jahrhunderten) häufig vom Eigentum der Bauern, wo wir uns des Eindrucks nicht erwehren können, daß das Wort mißbräuchlich angewandt, und daß zwar guter, aber doch abgeleiteter Besitz vorhanden ist. Die Möglichkeit, abgeleiteten Besitz etwa durch Ablösung von Zins und Renten in Eigentum zu verwandeln, war übrigens (wiederum namentlich in den neueren Jahrhunderten) dem Bauern zugestanden und ist auch von ihm benutzt worden[1]*).

Es war auch möglich und ist oft vorgekommen, daß ein Unfreier neben seinem abhängigen Besitz freies Eigentum hat und ein freier Eigentümer neben seinem freien Eigentum ein Grundstück besitzt, das einem Fronhof als abhängiges Landgut eingegliedert ist[2]. Namentlich scheinen die sog. „einzechtigen" Grundstücke, d. h. solche, die ohne Verband mit anderen Gütern für sich allein verkauft werden konnten und wegen dieser Leichtigkeit des Verkehrs auch „walzende Güter" genannt wurden, als Eigentum von abhängigen Personen erworben und besessen worden zu sein[3].

Wir haben hier nicht die allgemeine Geschichte der Unfreiheit darzustellen[4], also nicht zu schildern, welche Verdienste sich Kirche und Staat um die Einschränkung der Unfreiheit erworben haben, welche Einbuße die Unfreiheit durch den allmählichen Übergang

---

1) Vgl. zu diesen Fragen Th. Knapp, Beiträge, S. 294 f., 335, 395 f., 425. Kraaz, Bauerngut und Frondienst in Anhalt (1898), S. 81 ff. Kühn, Bauerngut, S. 62 ff.

*) Daneben gab es auch völlig freies bäuerliches Eigentum trotz Beibehaltung von Fronden und Zinsen, wie im besonderen das in Mitteldeutschland weit verbreitete schlichte (schlechte) Zinsgut. Vgl. darüber Fr. Lütge, Die Mitteldeutsche Grundherrschaft, S. 66 ff.

2) Vgl. unten S. 89 f.

3) Vgl. Th. Knapp, Beiträge, S. 394.

4) Vgl. meinen Art. Unfreiheit, im Wörterbuch der Volkswirtschaft, 3. Aufl., Bd. 2 (1911), S. 1095 ff. Gegen die Entstellungen Kautskys s. R. Leonhard, Archiv für die Geschichte des Sozialismus, 8, S. 128.

der Ministerialen zur Freiheit, ferner durch die Einwanderung von Unfreien in die Städte, durch die ganze städtische Bewegung erfahren hat. Uns beschäftigt nur die Geschichte der Unfreiheit in den ländlichen Verhältnissen. Hier ist das namhafteste Ereignis die Verwandlung zahlreicher Freier in Unfreie durch die Landesherrschaft (Gerichtsherrschaft), ein Vorgang, der übrigens von neuem den Beweis liefert, daß immer noch viele freie Bauern vorhanden waren. Im 12. und 13. Jahrhundert, mit Beschränkungen der Freizügigkeit und der Veräußerungsbefugnis beginnend, ging sie weiterhin schärfer vor und drückte am Ende des Mittelalters (und später wohl noch mehr) viel Freie in Unfreiheit herab. Es ist nicht die Grundherrschaft, sondern die Landesherrschaft, welche in dieser Weise vorgeht[1]). Es ist schwer auszurechnen, in welchem zahlenmäßigen Verhältnis die Unfreien, die seit dem 12. Jahrhundert zur Freiheit aufsteigen, und die Freien, die im späteren Mittelalter und in den neueren Jahrhunderten unfrei werden, zueinander stehen. Man gewinnt immerhin den Eindruck, daß die letztere Zahl überwiegt.

Jene Bestrebungen der Landesherren treten in Altdeutschland, vor allem in den mittleren und kleineren Territorien (in welchen auch die ritterlichen Besitzer möglichst verdrängt werden)[2]), hervor[3]). Dagegen fehlen sie im wesentlichen im kolonialen Deutschland. Hier sind es, seit dem Ausgang des Mittelalters, die Grundherren, die ihre Gewalt auf Kosten der Bauern ausdehnen, freilich wiederum im Anschluß an gerichtsherrliche Rechte, die hier in weit stärkerem Umfange als in Altdeutschland auf die Grundherren übergehen. Die Vereinigung gerichtsherrlicher Rechte mit der Grundherrschaft, die in Altdeutschland seltener stattfand, war es namentlich, wodurch im Osten die neue Entwicklung zuungunsten des Bauern möglich gemacht wurde.

Bei den freien Bauern, deren Schicksal wir uns soeben vergegenwärtigt haben, unterschieden wir die freien Grundeigentümer von denen, die sich nur persönlicher Freiheit erfreuten. Bei den Unfreien treten uns mit einer gewissen Ähnlichkeit die Unterschiede der dinglichen und der persönlichen Unfreiheit entgegen. Die dingliche Unfreiheit bezeichnet man zweckmäßig als Hörigkeit; die

---

1) Vgl. außer den oben S. 81 Anm. 3 angeführten Stellen z. B. THUDICHUM, Zur Rechtsgeschichte der Wetterau (1874), S. 44: seit dem Anfang des 17. Jahrhunderts begannen die Grafen die sämtlichen Einwohner des Gerichts für Leibeigene auszugeben. FEHR, Breisgau, S. 38.
2) Vgl. THUDICHUM, Rechtsgeschichte der Wetterau, Bd. I (1867), S. 28.
3) Anders in Tirol. WOPFNER, Die Lage Tirols zu Ausgang des Mittelalters, S. 73 f.

persönliche wird im Mittelalter nicht ausschließlich, aber in großer landschaftlicher Verbreitung, als Leibeigenschaft bezeichnet[1]). Bei dieser Leibeigenschaft darf man nicht etwa an orientalische oder Negersklaverei denken. Wie man sie sich nicht als eine besonders drückende Art der Unfreiheit zu denken hat, so liegt ihr Wesen überhaupt nicht in einer bestimmten Form der Beschäftigung der Unfreien. Die Leibeigenschaft ist nicht etwas an sich Härteres als die dingliche Unfreiheit. Sie unterscheiden sich nur in ihrer Begründung, indem der Leibeigene unfrei durch seine Person ist, der Hörige durch ein Grundstück, das er erhalten hat. Daraus fließen dann die anderen Unterschiede im einzelnen, wie der, daß der Leibeigene einen Kopfzins zahlt, der Hörige einen Grundzins, ferner die größere Bewegungsfreiheit des Leibeigenen: während den Hörigen sein Grundstück an einen bestimmten Ort fesselt, bleibt der Leibeigene in seinem Rechtsverhältnis, gleichviel wo er sich aufhält. Über die Art der wirtschaftlichen Tätigkeit der Leibeigenen besagt das Wort Leibeigenschaft, um es noch einmal zu betonen, jedenfalls gar nichts. Wir finden die Leibeigenen in den mannigfachsten wirtschaftlichen Betätigungen: sie konnten Höfe ihres Herrn, aber auch fremder Herren bewirtschaften, als ländliche Arbeiter sich frei verdingen, in Städten die verschiedensten Berufe ergreifen, mancherlei Ämter in Staat und Gemeinde bekleiden. Die Frage, ob der Leibeigene Kirchenämter übernehmen darf, wird nicht durch die Grundsätze der Leibeigenschaft, sondern durch das Kirchenrecht entschieden. Erwähnen wir zur Kennzeichnung dieser Verhältnisse, daß im Mittelalter gelegentlich ein Kloster seinen Eigenleuten verbietet, ihre Kinder ohne besondere Erlaubnis zu Mönchen, Nonnen, Pfaffen zu machen, weil nach katholischem Kirchenrecht der Eintritt in den geistlichen Stand von der Leibeigenschaft befreit, daß dagegen in der evangelischen Kirche Pfarrer Leibeigene sein konnten, wie denn ein württembergischer Prälat 1669 als Leibeigener des evangelischen Klosters Maulbronn verhauptrechtet worden ist[2])*). Man mag sich die mittelalterliche

---

1) Näheres zur Begründung dieser Unterscheidung s. in meinem „Deutschen Staat des Mittelalters", 1, S. 119ff. Vgl. ferner die Abhandlungen über Leibeigenschaft und Grundherrschaft in TH. KNAPPS Beiträgen, S. 85ff. und S. 346ff.

2) Über die Tätigkeit und Beschäftigung der Leibeigenen s. meinen „Ursprung der deutschen Stadtverfassung", S. 105; meinen „Deutschen Staat des Mittelalters", 1, S. 120; TH. KNAPP, S. 88, 358, 360.

*) Über diesen unfreien Prälaten vgl. auch THEODOR KNAPP, Neue Beiträge zur Rechts- und Wirtschaftsgeschichte des württembergischen Bauernstandes (1919), Bd. I,

Leibeigenschaft an dem Beispiel der russischen Leibeigenen der neueren Jahrhunderte zur Anschauung bringen, die den Kopfzins des Obrok zahlen, aber auch nicht an einen bestimmten Ort gebunden sind, in die Städte ziehen, in den mannigfachsten Berufen tätig sind, von der Stellung als einfacher Arbeiter bis zu der als Schauspieler und Schauspielerin und als reicher Kaufmann. Der Unterschied der deutschen und der russischen ist nur der, daß die deutschen sich in günstigerer Lage befanden als die russischen, insofern namentlich die Pflichten der deutschen (wie die Höhe des Kopfzinses) fest begrenzt waren[1]).

Bei dem Hörigen, dem dinglich unfreien Mann, haftet die Unfreiheit an einem Grundstück: wer es erwirbt, wird unfrei, wird ein Höriger des betreffenden Grundherrn. Der Humanist Andreas Masius, lange Zeit Gesandter des Jülicher Herzogs beim Vatikan, der ein Grundstück erworben hatte, mit dem die Hörigkeit verbunden war, erhielt auf seine besondere Bitte für sich und seine Angehörigen die Befreiung von der Hörigkeit, aber nur für begrenzte Zeit; nach deren Ablauf sollten die Nachkommen des Masius wieder Hörige des Grundherrn (seines Landesherrn) sein[2]).

Der Hörige ist glebae ascriptus: der Herr kann ihn mit dem Grundstück veräußern. Umgekehrt aber kann er ihn auch nicht ohne das Grundstück veräußern. Er darf es ihm nicht willkürlich entziehen. Der Hörige vererbt ferner in der Regel sein Grundstück. Andererseits sind auch seine Erben unfrei: wie das Grundstück sich vererbt, so auch die Hörigkeit.

Die Trennung von persönlicher und dinglicher Unfreiheit könnte man geneigt sein als ein spätes Produkt aufzufassen, in ihnen Abspaltungen aus der ursprünglichen umfassenden Unfreiheit, die den Unfreien ganz ergriff, zu sehen. Doch wird diese Erklärung nur zum Teil Platz haben[3]). Wir haben uns ja davon überzeugt, daß der Kreis der abhängigen Leute seit alters nicht einheitlicher Art, auch nicht einheitlichen Ursprungs ist, daß die abhängigen Leute des Mittelalters nicht bloß die Unfreien der tacite-

---

S. 129; Bd. II., S. 144. Es kommen aber auch leibeigene Bauern als Vertreter des Bauernstandes auf den württembergischen Landtagen vor. Vgl. dazu TH. KNAPP in: Jahrb. f. Nat. u. Stat., 118. Bd. (1922), S. 531 f., und R. STEIN, Chronik von Hoheneck im Oberamt Ludwigsburg (1921).

1) Vgl. Zeitschr. f. Soz. u. WG., Bd. 5 (1897), S. 140.
2) Korrespondenzblatt der Westdeutschen Zeitschr., 1892, Sp. 150 ff.
3) Gegen TH. KNAPP, Beiträge, S. 366 f. und S. 411 f. meinen „Deutschen Staat des Mittelalters", 1, S. 122.

ischen Zeit fortsetzen, sondern auch viele von Haus aus freie Personen in sich aufgenommen hatten.

Die Begrenzung, die die Beschränkung der Unfreiheit auf persönliche oder dingliche Abhängigkeit bedeutet, gestattet jene mannigfaltige Verbindung der Besitzverhältnisse, auf die wir kurz schon vorhin zu sprechen kamen. Ein Höriger konnte neben dem Bauernhof seiner Hörigkeit noch ein Grundstück zu freiem Eigentum haben oder ein Grundstück von irgendeinem Grundherrn, auch seinem eigenen, ebenso von anderen Bauern pachten, ein Leibeigener von seinem Leibherrn oder einem fremden Leibherrn oder einem fremden Herrn anderer Natur ein Gut zu Zins oder Pacht nehmen, freier Eigentümer, Pächter oder Zinsmann von Grundbesitz eines fremden Herrn sein, ein Freier endlich, auch ein freier Eigentümer, mit einem Teil seiner Persönlichkeit durch den Erwerb eines hörigen Bauernhofes unfrei werden (wofür uns Andreas Masius ja eben ein Beispiel lieferte). Natürlich konnte auch ein Leibeigener zugleich Höriger seines Leibherrn sein, falls er nämlich von ihm ein Grundstück erhalten hatte, mit dem der Eintritt in die Hörigkeit verknüpft war. Solche Fälle kamen allerdings nur dann vor, wenn derselbe Herr neben einem Kreis von Leibeigenen zugleich eine Herrschaft besaß, bei dem der Empfang von Grundstücken hörig machte. Seitdem die Gerichtsherrschaft ihre Abhängigkeiten ausbildete, mehrten sich die Variationen noch: derselbe Mann konnte von einem Grund-, einem Leib-, einem Gerichtsherrn abhängig sein und dazu noch in mehreren anderen von den angedeuteten Besitzverhältnissen stehen[1]). Diese Dinge wurden möglich, weil eben die mittelalterliche Unfreiheit begrenzt, mit der rechtlichen Unfreiheit eine weitgehende wirtschaftliche Bewegungsfreiheit vereinbar war.

Wir haben vorhin die großen Gegensätze der dinglich vermittelten und der persönlichen Unfreiheit einander gegenübergestellt. Im einzelnen gibt es bei ihnen wiederum Unterschiede, die zum Teil auch eine Verbindung der Gegensätze herbeiführen. Indem wir nur kurz daran erinnern, daß der Empfang von grundherr-

---

1) Beispiele für die bunte Mannigfaltigkeit der geschilderten Abhängigkeits- und Besitzverhältnisse s. in meinem „Deutschen Staat des Mittelalters", 1, S. 121; TH. KNAPP, Beiträge, S. 356 und S. 363; RUPPERSBERG, Die hessische Landsteuer bis 1567 (Tübinger Dissertation von 1904), S. 33ff. Das Gesinde eines Hofes kann, unabhängig von dem Gesindedienstverhältnis, Grundbesitz haben: meine Landst. Verf. in Jülich-Berg, II, S. 8, Anm. 31. So ist wohl auch: Mittelrheinisches UB. III, S. 398 (WOPFNER, Urkunden zur deutschen Agrargeschichte, Nr. 125) zu verstehen.

lichem Besitz keineswegs immer eine Wirkung auf den Stand des Empfängers ausübte, so haben wir zunächst die beiden Fälle zu unterscheiden, daß erstens der Empfang des Gutes die Unfreiheit herbeiführt bzw. mit dem Besitz des Gutes die Unfreiheit von alters her verbunden ist, und zweitens gewisse Grundstücke nur an Unfreie des Grundherrn gegeben werden. Dies konnten Leute aus dem Kreis der Hörigen des Grundherrn, Mitglieder ihrer Familien sein. Es konnte sich aber auch so verhalten, daß der Grundherr Güter nur an Leute aus der Schar seiner Leibeigenen gab. In diesem Fall gehen Hörigkeit und Leibeigenschaft zusammen. Wenn innerhalb eines Fronhofsgebietes der Grundsatz gilt, daß der Empfang eines zum Fronhof gehörenden Gutes hörig macht, so macht hier „die Luft unfrei", nämlich hörig. Leibeigen macht die Luft, wenn der Grundherr als Bedingung für den Empfang von herrschaftlichem Gut den Eintritt in seine Leibeigenschaft stellt. Unfrei macht aber auch die Luft, wenn die Einwanderung in einen gerichtsherrlichen Bezirk den Eintritt in die Leibeigenschaft des Gerichtsherrn ohne weiteres nach sich zieht[1]). Solche Ansprüche führt die Gerichtsherrschaft, wie wir wissen, erst seit den letzten Jahrhunderten des Mittelalters durch; die Entwicklung vollzieht sich vor unseren Augen, während die Verbindung der Unfreiheit mit der Grundherrschaft eine alte Erscheinung ist.

Wenn schon die Andeutungen, die wir hiermit machen, auf die mannigfachen Arten der mittelalterlichen Unfreiheit hinweisen, so wurde die Buntscheckigkeit noch durch die selbständige Stellung der einzelnen Herrschaften, sei es einer Grund-, einer Leib- oder einer Gerichtsherrschaft, gesteigert. Es gab für diese Verhältnisse keine vereinheitlichende höhere Instanz, wie sie für die ritterlichen Lehen wenigstens in dem Hof des Königs als des obersten Lehnsherrn bestand. Wie der Verfasser des Sachsenspiegels, so erklären wir uns außerstande, in einer kompendiösen Darstellung die abweichenden Grundsätze der Unzahl der einzelnen Hofrechte darzulegen. Die Mannigfaltigkeit der Verhältnisse wird uns in ausreichender Weise in der Schilderung der Rechte und Pflichten der Unfreien entgegentreten. Nur eine Art der persönlichen Unfreiheit, eine höhere, die man wohl als Halbfreiheit bezeichnen darf, wollen

---

1) Über die für diese Verhältnisse namentlich in den neueren Jahrhunderten gebrauchten Ausdrücke, z. B. Lokalleibeigenschaft, Realleibeigenschaft, vgl. TH. KNAPP, S. 365 f. und S. 416. Realleibeigenschaft bedeutet sowohl Eintritt in die Unfreiheit durch Übernahme eines Hofes als auch Eintrit in die Unfreiheit durch bloße Einwanderung in ein Dorf bzw. einem Gerichtsbezirk (nämlich gegenüber einem Gerichtsherrn).

wir schon hier herausheben, die Wachszinsigkeit[1]*). Herren lassen ihre Unfreien als „Wachszinsige" frei, indem sie sie einer Kirche als Schutzhörige übertragen. Ebenso begeben sich auch freie Personen in die Rechtsstellung solcher Freigelassenen durch Tradition an ein Gotteshaus. Die Freiheit der Wachszinsigen ist nicht volle Freiheit, ihre Lage aber besser als die der einfachen Unfreien. Von Haus aus steht die religiöse Seite der Wachszinsigkeit im Vordergrund; weiterhin aber gilt der Wachszins einfach als leichter, geringerer Zins, die Wachszinsigkeit als bessere Unfreiheit, weil eben der Wachszins von geringerem Wert ist als sonstiger Zins. Man darf wohl von einer im Laufe der Zeit eintretenden Verschlechterung der Wachszinsigkeit sprechen, die vermutlich mit der häufigen Aufnahme niederer Unfreienschichten in das Wachszinsrecht zusammenhängt: Heiratssteuer und Sterbefall werden auch von den Wachszinsigen verlangt. Immer aber gelten sie als bessere Unfreie.

Indem wir uns zu den Pflichten und Rechten der abhängigen Leute wenden, beginnen wir mit dem, worin man nach der ersten Vermutung den Kern der gesamten Abhängigkeitsverhältnisse sehen wird, dem Zins für gewährtes Land. Das scheint uns ja der Anfang und die Grundlage für alle diese Beziehungen zu sein, daß jemand Land empfängt, um dafür neben Diensten vor allem Abgaben zu leisten. Freilich nimmt diese Leistung doch nicht die beherrschende Stellung ein, die man eben zunächst vermuten möchte. Wir erinnern daran, daß es in Menge Leibeigene gab, auf denen Lasten ohne Rücksicht auf empfangenes Land ruhten, und daß die

---

[1] Zu der neueren Literatur über die Wachszinsigkeit (AL. MEISSER, W. HOLLAND, JOH. SCHULTE, Studien zur Geschichte der Wachszinsigkeit, Münster i. W. 1914 und andere Arbeiten) nimmt H. Frhr. v. MINNIGERODE, Vierteljahrschr. f. Soz. u. WG., Bd. 13, S. 184 ff. Stellung. Zu der richtigen Deutung der Aachener Urkunde von 1020 bei MINNIGERODE, S. 191, vgl. meine Landst. Verf. I, Anm. 87. TH. KNAPP, Beiträge, S. 474. BRUNNER, Grundzüge der deutschen Rechtsgeschichte, 6. Aufl. (1913), § 45, S. 190. HENRICI, Über Schenkungen an die Kirche (1916), S. 20.

*) Im besonderen über die Wachszinsigkeit in Westfalen, wo dieses Rechtsverhältnis ja auch eine besondere Ausdehnung erfahren hatte, stehen uns eine Reihe guter Untersuchungen zur Verfügung; so neben der schon genannten Schrift von A. MEISTER im besonderen: H. BREBAUM, Die Wachszinsigkeit im südlichen Westfalen bis zum 14. Jahrh., in: Westfälische Zeitschrift, 71, 1913. J. SCHULTE, Die Wachszinsigkeit im nördlichen Westfalen, Dissertation, Münster 1914 (Münstersche Beiträge zur Geschichtsforschung, N.F. 32/33, 1914). G. V. RODEN, Wirtschaftliche Entwicklung und bäuerliches Recht des Stiftes Fröndenberg an der Ruhr (Münstersche Beiträge zur Geschichtsforschung, III. F., 13. Heft), 1936, S. 127 ff. Man spricht vielleicht besser von „Altarhörigkeit."

Gerichtsherrschaft Abhängigkeiten auf Grund der Gerichtsgewalt, ohne die Vermittlung der Landleihe, ausbildete. Sodann ist auch da, wo Land gegeben wurde, der Zins von ihm nicht immer als das wirtschaftlich Wertvollste bei dem damit begründeten Verhältnis angesehen worden. Trotz dieser Einschränkungen aber sind wir berechtigt, den Landzins in den Vordergrund der Betrachtung zu stellen, zum mindesten insofern er die geschichtlich älteste Pflicht der abhängigen Leute bildet.

Gelegentlich ist der Grundzins so gering, daß ihm nur die Bedeutung einer Anerkennungsgebühr zugesprochen werden kann mit dem Zweck, das Eigentum des Grundherrn festzuhalten. So in Altdeutschland[1]), so vielleicht noch häufiger im kolonialen Deutschland, wo den Ankömmlingen besonders günstige Bedingungen gewährt wurden. Der Grundherr sah dann wohl seinen Hauptvorteil in den indirekten Wirkungen der Kolonisation des Landes; wenn er zugleich der Landesherr war, mußte er die Hebung der Steuerkraft des Landes begrüßen, die die deutsche Ansiedlungsarbeit hervorbrachte; sie allein schon entschädigte ihn für den Verzicht auf einen größeren Grundzins. Meistens jedoch hat der Zins materiellen Wert. Sehr häufig wird auch neben dem, was als bloßer Anerkennungszins gilt, noch etwas materiell Wichtiges geliefert. So ist als Anerkennungszins die jährliche Lieferung einer Henne (Fastnachtshenne) üblich, was aber Abgaben von größerem Wert nicht ausschließt.

Die Abgaben werden teils in Geld, überwiegend in Naturalien geliefert. Wenn auch die Naturalien überwiegen, so überrascht es doch, daß wir hier und da in den mittelalterlichen Urkunden einer Umwandlung von Naturalzinsen in Geld begegnen, während der Bauer sonst noch in den neueren Jahrhunderten die Naturallieferung vorzieht. Bisweilen dienten die festgesetzten Geldsummen nur als Wertmaßstab für die in Naturalien, gewöhnlich nach Wahl des Herrn, zu leistenden Abgaben[2]). Die Naturalien werden ihrerseits aus dem gesamten Gebiet dessen ausgewählt, was die Landwirtschaft an Feld- und Gartenfrüchten und an Vieh hervorbringt. Beachtung verdient es, daß landwirtschaftliche Produkte auch in verarbeitetem Zustand geliefert wurden: Gebackenes, Öl, Butter, Schmalz, Lammsbäuche, Schinken, Würste. Produkte des Waldes (Honig, Wachs)

---

1) Beispiele bei TH. KNAPP, Beiträge, S. 404; zugleich Beispiele für den Humor, der uns in diesen Beziehungen so oft begegnet.
2) KÖTZSCHKE, Wirtschaftsgeschichte, S. 63.

fehlen gleichfalls nicht. Nicht immer können die Bauern das, was sie liefern müssen, selbst gewonnen haben. Wenn bei den Salzlieferungen die eigene Gewinnung noch denkbar ist, so kommt es doch auch vor, daß die Bauern Pfeffer zu liefern haben. Offenbar liegt der Grund einer solchen Festsetzung darin, daß der Herr sich, unabhängig vom freien Marktverkehr, den Bezug gewisser Sachen sichern wollte. Zu Fragen der Entstehung gewerblicher Berufe führt uns der Umstand[1]), daß die abhängigen Leute Holzarbeiten, Werg, Garn, fertige Stoffe liefern. Der Bedeutung der Tatsache, daß die Grundzinse bis zum Beginn des hohen Mittelalters sich im großen und ganzen fixiert hatten, haben wir schon gedacht. Auch über die Bestellung neuer Gilten und Renten, die nicht mit dem grundherrlichen Zins verwechselt werden dürfen, haben wir bereits ein Wort gesagt. Der Bauer stiftete etwa ein Seelgerät oder nahm gegen die Zusicherung einer Rente ein Kapital auf. Die letzten Zeiten des Mittelalters beschäftigen sich mit der Frage der Ablösung solcher Renten; im Reformationszeitalter hat ihre Erledigung gelegentlich die Gestaltung der kirchlichen Verhältnisse mitbestimmt [2]).

Über das Verhältnis von Grundzins und Pacht haben wir das Nähere schon gesagt. Dem Grundzins, der sich regelmäßig aus mehreren Abgaben zusammensetzt, steht die Pacht als einheitlichere Zahlung gegenüber. Doch ist dieser Unterschied nicht absolut: neben den zahlreichen Fällen, in denen der Pächter die Pacht lediglich in Getreide zahlt, stehen auch solche, in denen die Pacht mehrere Getreidearten, Stroh, Flachs, Lämmer, Hammel, Butter usw. umfaßt.

Der Grundzins ist die Leistung der Hörigen, findet sich aber auch bei Freien, die ein Grundstück von einem Herrn erhalten haben. Die Pacht ist eine freie Leiheform. Daß freilich auch mit ihr öfters Reste aus dem Hörigkeitsverhältnis verbunden geblieben sind, haben wir bereits zu bemerken Gelegenheit gehabt*).

---

1) Vgl. meine Untersuchung: Die Entstehung des Handwerks in Deutschland, Zeitschr. f. Soz. u. WG., Bd. 5 (1897), S. 124 ff.; Territorium und Stadt, S. 299 ff.; Th. Knapp, Beiträge, S. 407 f.

2) S. die Literatur in meinen „Ursachen der Reformation", S. 58. Th. Knapp, Beiträge, S. 332 und S. 395.

*) Es sei hier, um Mißverständnisse auszuschließen, darauf hingewiesen, daß das spätere Mittelalter hinsichtlich des Pachtgutes und des Erbzinsgutes (als des für den Grundhörigen repräsentativen Gutes) einen klaren Unterschied herausgearbeitet hatte. Bei letzterem fand eine Teilung des Eigentums in dominium utile und dominium directum statt (Unter- und Obereigentum). Der von dem Untereigentümer gezahlte Zins stellt

Neben dem Grundzins stehen als regelmäßige Leistung des Hörigen die Frondienste. Sie sind jedoch, wie wir wissen, nicht von großem Umfang, aus dem einfachen Grund, weil die Hofländerei, über die der Grundherr, zumal nach der Auflösung der Villenverfassung, verfügte, nicht groß war. Gelegentlich stehen wir vor dem amüsanten Verhältnis, daß die Grundherrschaft, weil sie keinen erheblichen eigenen Wirtschaftsbetrieb hat, in Verlegenheit ist, auch nur die etwa 12 Tage Frondienst im Jahr*) auszunützen, welche sie fordern darf, und daß sie den Grundsatz der fronpflichtigen Bauern, die Fronden statt in Geldablösung in Natura zu leisten, für eine unerträgliche Bosheit erklärt, während die pfiffigen Bauern ihr Recht, an der Naturalleistung der Dienste festzuhalten, und jene Verlegenheit der Grundherrschaft als Mittel gebrauchen, sich tatsächlich überhaupt jeder Schuldigkeit zu entledigen[1]). Ein gewisses Erfordernis blieben die Frondienste, wie wir schon bemerkt haben, nur eben für Spezialkulturen (Wiesen- und Weinbau), für den Holzhau und sonstige Arbeit im Wald, für Baupflicht auf dem Fronhof und für Transportzwecke (Wein, Holz)[2]). Außerhalb der landwirtschaftlichen Arbeitsverfassung steht der Frondienst als Herbergspflicht[3]).

Die Frondienste, die aus dem grundherrschaftlichen Verhältnis stammen, werden bei weitem von denen übertroffen, die von der

---

nach deutschrechtlicher Konstruktion ein Entgelt dar für die Erlaubnis, „aus liegenden Gründen eines Andern der Früchte derselben, natürliche oder hervorgebrachte, an sich zu nehmen; während im römischen Rechte die Abgabe des Emphyteut-Mannes lediglich den Zweck hatte, das zugrundeliegende Rechtsverhältnis immer wieder neu zu bekräftigen" (so etwa SCHMALZ, Lehrbuch des teutschen Privatrechts, 1818, S. 94). Anders bei Laßgütern und Pacht. Hier findet keine Übertragung des dominium utile statt; das Eigentumsrecht verbleibt ungeteilt dem Herrn; der Bauer erhält lediglich ein Nutzungsrecht, das bei dem Laßverhältnis ein dingliches, bei der Pacht ein persönliches Gepräge trug.

*) Es kommen auch noch geringere Verpflichtungen vor. Vgl. die Zusammenstellung von Beispielen bei FR. LÜTGE, Die Mitteldeutsche Grundherrschaft, 1934, S. 108 ff.

1) Vgl. TH. LUDWIG, Die deutschen Reichsstände im Elsaß und der Ausbruch der Revolutionskriege, S. 93. Das hier verwertete Beispiel stammt freilich aus dem 18. Jahrhundert.

2) Über die geringen Frondienste der privaten Herren s. z. B. KÖTZSCHKE, Werden, S. 66, 72, Anm. 1; WITTICH, Grundherrschaft, S. 212ff., S. 215, S. 217f., S. 334, S. 455; WOPFNER, Die Lage Tirols zu Ausgang des Mittelalters, S. 49. Weder umfangreich noch häufig sind die Frondienste für die Baupflicht auf dem Fronhof (LAMPRECHT, Wirtschaftsleben, 1, S. 781) und für den Holzhau und sonstige Arbeit im Wald (ebenda S. 786). Über den Transportdienst s. mancherlei bei LAMPRECHT, S. 816; WAITZ, Verfassungsgeschichte, 5, 2. Aufl., S. 223.

3) Vgl. G. L. v. MAURER, Geschichte der Fronhöfe, Bd. 3, S. 260ff. TH. KNAPP, Beiträge, S. 408. Vgl. auch oben S. 47 Anm. 1.

Gerichtsherrschaft vermöge öffentlich-rechtlicher Befugnisse verlangt werden. Darauf geht auch der Anspruch vieler Rittergüter auf Frondienste zurück[1]*). Im übrigen haben wir uns gegenwärtig zu halten, daß das Wesen des mittelalterlichen Rittergutes, das in Altdeutschland in dieser Bedeutung erhalten bleibt, nicht in einem großen ländlichen Areal besteht, nicht großes Landgut ist, sondern privilegierter Besitz**). Für den Begriff des Rittergutes ist allein entscheidend die staatsrechtliche Eigenschaft des Bodens. Das Vorhandensein einer Burg auf ihm mit den daran sich knüpfenden Vorrechten entscheidet in vielen Territorien über die Rittergutseigenschaft (der Eigenschaft des Rittersitzes, wie das Rittergut bezeichnend genannt wird); überall ist die Voraussetzung die staatliche Anerkennung des Gutes als privilegierten Besitzes[2]. Das Rittergut als großes Landgut ist von dem kolonialen Deutschland geschaffen worden und auch hier erst in den neueren Jahrhunderten. Etwas mehr einheitliche Flächen, etwas mehr Hofländerei als das Rittergut hat der kirchliche Grundbesitz im Mittelalter gehabt[3]. Eine kirchliche Gruppe, die Zisterzienserklöster, hat sich sogar das Ziel der Schaffung großer Gutshöfe gesetzt. Indessen haben selbst diese Bestrebungen keinen umfassenden Erfolg gehabt, sind vielmehr verhältnismäßig früh eingestellt worden[4].

Im Hinblick auf die Tatsache, daß die Hofländerei in ganz Altdeutschland mehr oder weniger bescheidenen Umfanges ist, überrascht es uns, immerhin noch öfters auf Nachrichten von ausgedehnten Frondiensten zu stoßen. Der Widerspruch läßt sich aber wohl dahin auflösen, daß die größeren Frondienste, welche erwähnt werden, keineswegs stets für die Beackerung einer um-

---

1) Vgl. WITTICH, a. a. O. S. 212 ff.

*) Über die Verpflichtungen der Bauern in einem kleinen Territorium, in dem der Landesherr alleiniger Gerichtsherr, nahezu alleiniger Grundherr und alleiniger Leibherr ist, vgl. neuerdings EITEL KLEIN, Studien zur Wirtschafts- u. Sozialgeschichte der Grafschaft Sayn-Wittgenstein-Hohenstein usw., 1936, S. 38 ff.

**) Es kann dahin kommen, daß ein Rittergut garkeinen eigentlichen Feldbau aufweist, sondern nur eine Schäferei samt einigen Wiesen und Gärten sein eigen nennt; so beispielsweise bei JOHANNE OTTO, Die Besitzverhältnisse und die Ablösung der Fronen usw. im ehem. Fürstentum Schwarzburg-Rudolstadt. Göttinger jurist. Diss. 1926, S. 8.

2) S. die Schilderung des altdeutschen Ritterguts in meinem „Territorium und Stadt", S. 111 ff. und S. 158 ff. WITTICH, S. 455. Auf die Irrigkeit der Auffassung, die das altdeutsche Rittergut nach der Analogie des modernen ostdeutschen Ritterguts betrachtet, habe ich schon in meiner Landst. Verf. in Jülich und Berg, III, 1, S. 3, hingewiesen.

3) WOPFNER, a. a. O. S. 48 f.

4) Vgl. H. AUBIN, Vierteljahrschr. f. Soz. u. WG., Bd. 12 (1914), S. 351.

fangreichen Hofländerei bestimmt sind, sondern anderen Zwecken der Grundherrschaft dienen. Hier kommen gewiß u. a. die oft weiten Transportfuhren in Betracht[1]). Wie hieraus sich schon ergibt, dürfen wir keineswegs jeden Frontag, der erwähnt wird, als einen für die Ackerbestellung bestimmten auffassen. Neben der Arbeit für den Wein- und Wiesenbau ist ferner an Botendienste und mancherlei Dienste auf dem Hof, bis zur Gefangenenbewachung, zu denken[2])*). Und wenn wir von „ungemessenen" Frondiensten hören, brauchen wir noch nicht an tatsächlich maßlose Dienste zu denken[3]). Das Störende, das die ungemessenen Dienste der bäuerlichen Wirtschaft brachten, lag nicht sowohl in einer Maßlosigkeit der Dienste als darin, daß die Zeit ihrer Abdienung nicht genau bestimmt war, und daß sie so den Bauern in der Selbständigkeit seiner Wirtschaftsführung beeinträchtigten**).

Zu den Diensten, die der Unfreie zu leisten hat, gehört auch die Verwaltung eines Amtes, wie sich das schon aus dem ergibt, was wir soeben über den Wachtdienst bemerkten. Wir wollen aber noch ausdrücklich darauf hinweisen, daß hier auch höhere und sehr hohe Ämter in Betracht kommen. Der große Grundherr besetzte die vornehmen Hausämter, das des Truchsessen, Marschalls, Kämmerers, Schenken, mit Unfreien, wenn er zugleich Landesherr war,

---

1) Vgl. z. B. K. O. MÜLLER, Die Alpgüter der oberschwäbischen Klöster Hofen u. Weingarten, in: Vierteljahrschr. f. Soz. u. WG., Bd. 15 (1918), S. 1: über weite Wege für Herbeiholung von Wein im Dienst einer Grundherrschaft (eines Klosters).

2) WITTICH hat in seinem Kommentar zu dem Hofrecht von Münchweier (WOPFNER, Urkunden zur deutschen Agrargeschichte, S. 137, § 9), Zeitschr. f. d. Gesch. des Oberrheins, Neue Folge, Bd. 15, S. 419, auf die Erwähnung umfangreicher Frondienste aufmerksam gemacht. Gerade aber auch die Nachrichten über diesen Ort liefern Erklärungen dafür, wie umfangreiche Frondienste bestehen können, ohne daß es notwendig ist, dabei an eine sehr große Hofländerei zu denken. Die Grundherrschaft von Münchweier mag dabei noch immer eine leidliche Hofländerei gehabt haben. In Münchweier wird den frondienstpflichtigen Bauern für die Gefangenenwachen eine entsprechende Anzahl von Frontagen gutgeschrieben (WITTICH, S. 418). Wie mannigfache Dienste unter der Rubrik der Fronden zusammengefaßt werden, ersieht man u. a. aus GOTHEIN, Jura curiae in Munchwilare, das älteste alemannische Weistum, in: Einladung der Bonner Universität zum 3. August 1899, S. 15. Nach dem Hofrecht von Münchweier erhält übrigens der täglich dienende Hofknecht ein ganz bestimmtes Deputat. Über den Wachtdienst s. Näheres bei LAMPRECHT, 1, S. 816.

*) Zu dem genannten Weistum vgl. K. ZEUMER, Das angebliche älteste alemannische Weistum, Neues Archiv d. Ges. f. ältere deutsche Geschichtskunde, Bd. 25 (1900).

3) Vgl. TH. KNAPP, Beiträge, S. 89 oben.

**) Über „gemessene" und „ungemessene" Dienste vgl. neuerdings eingehend FR. LÜTGE, Die Mitteldeutsche Grundherrschaft, S. 94 ff. Wesentlich für die letzteren ist, daß sie zeitlich nicht gemessen sind; wohl aber fand normalerweise eine reale Bemessung statt.

ferner manchen Vorsteherposten in der öffentlichen Gerichtsverfassung oder ein Amt der allgemeinen staatlichen Verwaltung. Die Unfreien, mochten es dinglich oder persönlich abhängige Unfreie sein, waren verpflichtet, Ämter anzunehmen und nach dem Wunsche des Herrn wieder aufzugeben[1]). Ein angeseheneres Amt war auch das des Villikationsvorstehers, das uns oben beschäftigt hat. Bei ihm sieht man dann wieder den Zusammenhang der Ämterbesetzung durch Unfreie mit der allgemeinen Verwendung der Unfreien in der landwirtschaftlichen Verwaltung: wie der Unfreie verpflichtet ist, einen Hof, ein Grundstück des Herrn, zu übernehmen, so eben auch das Amt des Villikationsvorstehers, das Meieramt.

Der Frondienst wird im allgemeinen in der Art geleistet, daß der pflichtige Mann von seinem Wohnplatz aus an den betreffenden Tagen zur Ableistung des Dienstes sich einstellt. Es kommt jedoch auch die Form vor, daß der Herr den Hörigen auf den Hof zwingen, also zum Hofknecht machen darf. Er gibt ihm dann, wie einem Instmann, ein festes Deputat, liefert ihm ein bestimmtes Maß Getreide, eine Kuh mit einem Kalb, und räumt ihm etwas Ackerland ein [2]). Wir werden anzunehmen haben, daß zu derartigen Hofknechten Mitglieder der Familien der hörigen Bauern genommen wurden, die nicht schon Land ererbt hatten. Wenn hier ein Gesindezwangsdienst vorliegt, so hören wir von einem solchen auch in weiterem Sinne. Im ganzen genommen hat er jedoch innerhalb der altdeutschen Hörigkeit nur lokale Verbreitung und spielt eine geringe Rolle; es ist nicht möglich, viel Nachrichten über ihn aufzutreiben. In der einen Gegend findet er sich, in der anderen nicht. Er kommt bei der Hörigkeit vor, aber auch bei der Leibeigenschaft und der Gerichtsherrschaft; wie aus der Verbindung mit dieser hervorgeht, ist er zum Teil jungen Ursprungs. Im kolonialen Deutschland, auf dessen Verhältnisse wir hier nicht weiter eingehen, hat er sich ja überhaupt erst in den neueren Jahrhunderten entwickelt*). In Altdeutschland ist er überall, wo er vorkommt, milder

---

1) Zur Begründung des im Text Gesagten s. meine Landst. Verf. in Jülich und Berg, I, Anm. 54 ff.; H. Z. 59, S. 225 ff. Die Bedeutung dieser Dinge für das Aufkommen der Ministerialität ist bekannt. Von dem Kampf der Herren gegen die Vererbung der Ämter hat uns die Geschichte des Meieramts ein Bild gegeben.

2) Vgl. z. B. WAITZ, Verfassungsgeschichte, Bd. 5, 2. Aufl., S. 209 ff. TH. KNAPP, S. 464 (unter „Gesindedienst"). WITTICH, Grundherrschaft, S. 289 f. und S. 297. Mein Art. Dienstboten bei HOOPS, Reallexikon 1, S. 463, und die daselbst verzeichnete Literatur.

*) Vgl. W. KÄHLER, Gesindewesen und Gesinderecht in Deutschland, Jena 1896; G. F. KNAPP, Die Bauernbefreiung Bd. I (1887) S. 42 u. 67 f.; FR. LÜTGE, Die Mitteldeutsche

Art: der Herr hat etwa ein Vorzugsrecht, so daß die herangewachsenen Kinder der Unfreien ihm zuerst ihre Dienste anbieten müssen; auch währt der Gesindezwangsdienst nur etwa 1—3 Jahre. Es war eben auch kein Anlaß vorhanden, ländliche Arbeiter in größerer Menge zu beschäftigen. Denn wie die Hofländerei geringen Umfang besaß, so hatten die Grundherren noch dazu seit der Aufhebung der Villenverfassung die Eigenwirtschaft auf den an sich geringen Hofländereien meistens aufgegeben[1]). Wenn noch einige größere Landwirtschaftsbetriebe übrigblieben, wenn namentlich, unabhängig von der Ausdehnung des landwirtschaftlichen Eigenbetriebes, größere Haushalte, besonders bei geistlichen Grundherrschaften, vorhanden waren, so wurde das Bedürfnis hier keineswegs nur durch Zwangsdienst gedeckt. Wir brauchen uns nicht mehr damit aufzuhalten, die Übertreibungen der hofrechtlichen Theorie über die unfreie gewerbliche Arbeit auf den Fronhöfen zu widerlegen. Für den Zusammenhang unserer Schilderung ist es wichtig festzustellen, daß innerhalb der Landwirtschaft die freie Arbeit breiten Raum einnahm von recht früher Zeit an[2]). Wir finden den freien Arbeitsvertrag in starker Verwendung wie für das Gesinde im Haus so für die Feldarbeit, die Fuhren, die Bauten und die sonstigen Arbeiten, die auf dem Lande zu besorgen waren.

Zum Beweis für die milde Art der mittelalterlichen Frondienste hat man oft mit Recht darauf hingewiesen, daß die Fröner Gegengaben und Bewirtung erhalten, daß auch Humor und Poesie in Dienst gestellt werden, um ihnen die Leistung der Arbeit angenehm zu machen[3])*).

Grundherrschaft, S. 180 ff.; für Sachsen im besonderen die vortreffliche Darstellung von ROBERT WUTTKE, Gesindeordnungen und Gesindezwangsdienst in Sachsen bis zum Jahre 1835, Leipzig 1893. FR. LÜTGE, Die Mitteldeutsche Grundherrschaft, S. 180 ff. Es handelt sich also, wie aus dem Text hervorgeht, im Mittelalter in Altdeutschland nicht um Zwangsdienst im eigentlichen Sinne des Wortes, sondern um ein Vormietrecht des Grundherrn. Daneben gibt es später die Erscheinung der gesetzlich normierten Arbeitspflicht.

1) Über die Frage, in welchem Maß Eigenwirtschaft der Ritter bestand, vgl. meine Landst. Verf. in Jülich und Berg, III, 2, S. 37 f. Über die geringe Ausdehnung der Hofländerei s. oben S. 45 u. 51 f.; DOPSCH, Karolingerzeit, 1, S. 135; GOTHEIN, Agrarpolitische Wanderungen, S. 26 f.; WOPFNER, Die Lage Tirols zu Ausgang des Mittelalters (1908), S. 17.

2) DOPSCH, Karolingerzeit, 1, S. 268: Die Grundherren mieten Fuhren; 2, S. 85: freie Taglohnarbeit. Vgl. m. Art. Dienstboten, a. a. O.; m. Deutscher Staat des MA., I, S. 125; SCHIFFMANN, Österreichische Stiftsurbare, II, S. 616 f. Beiträge zur Geschichte des westfälischen Bauernstandes, S. 79: im 15. Jahrh. Löhnung der Knechte und Mägde.

3) Vgl. z. B. TH. KNAPP, Beiträge, S. 410 f.; Vierteljahrschr f. Soz. u. WG., Bd. 13 (1916), S. 441, und Bd. 14 (1917), S. 580 f. (über die entwicklungsgeschicht-

Man könnte wohl die Frage aufwerfen, ob ein entstehender Mangel an Arbeitskräften vielleicht eine Verstärkung des Gesindezwangsdienstes oder seine Einführung an der Stelle, wo er zunächst nicht bestand, veranlaßt hat; bei der Gerichtsherrschaft beobachten wir ja seine Entstehung zu späterer Zeit. Es liegt nahe, an die Abwanderung in das Kolonisationsgebiet des Ostens, ferner an die Abwanderung in die Städte zu denken; in beiden Fällen handelt es sich um Massen von Arbeitskräften. Die Herren, deren Leute in die Städte wanderten, haben darüber schwere Klagen erhoben, und es sind auch Maßnahmen ergriffen worden, um das Entlaufen von Unfreien in die Städte einzuschränken[1]). In der neueren Literatur[2]) hat man mancherlei Betrachtungen über einen aufkommenden Arbeitermangel und seine Wirkungen angestellt. Indessen, obwohl es in den Quellen nicht an Andeutungen über einen solchen Mangel fehlt[3]), so läßt der gegenwärtige Stand der Forschung doch noch kein sicheres Urteil über dessen Maß und seine Wirkungen zu. Die Abwanderungen können auch bis zu einem gewissen Grad in einer verhältnismäßigen Stauung der Be-

---

liche Deutung der Bewirtung der Fröner). Nachdrücklichen Gebrauch macht von diesen Dingen in seiner Schilderung der Lage des deutschen Bauernstandes am Ende des Mittelalters JOH. JANSSEN, Geschichte des deutschen Volkes, 19. und 20. Aufl. (bearbeitet von L. V. PASTOR), 1. Bd. (1913), S. 349f. Vgl. auch unten S. 111.

*) Über die Gegenleistungen (Präbenda) unter grundsätzlichem Gesichtspunkt vgl. FR. LÜTGE, Die Mitteldeutsche Grundherrschaft, S. 131 ff. Die Präbenden dieser Art sind nicht mit den Präbenden (im Sinne von Pfründen) zu verwechseln, die als sinecure etwa Kanonikern, Klosterinsassen usw. zuteil wurden.

1) KNIEKE, Die Einwanderung in den westfälischen Städten bis 1400 (1893). P. SCHÜTZE, Die Entstehung des Rechtssatzes: Stadtluft macht frei (1903); dazu H. Z. 94, S. 120. Vgl. die Beispiele bei SCHÜTZE, S. 91 ff. Die Landesherren, die den Städten Privilegien erteilen, machen Vorbehalte hinsichtlich ihrer eigenen Unfreien, ferner der Unfreien ihrer Vassallen und Ministerialen und einer von ihnen bevorzugten Kirche. S. meinen Ursprung der deutschen Stadtverfassung (1892), S. 102.

2) LAMPRECHT, Wirtschaftsleben, 1, S. 869 (über die Zeit um 1200). WITTICH, Grundherrschaft, S. 329. TH. KNAPP, Beiträge, S. 430. HERZBERG-FRÄNKEL, Wirtschaftsgeschichte des Stifts Niederaltaich, Mitteil. d. Inst. f. österr. Gesch., 10. Ergänzungsband, S. 213, Anm. 2. H. WOPFNER, Beiträge zur Geschichte der freien bäuerlichen Erbleihe Deutschtirols, 1903, S. 61 f. WITTICH, Meierrecht (Zeitschr. f. Soz. u. WG., II), S. 60, bringt die Zusammenlegung von Bauerngütern in Niedersachsen mit dem Mangel an Meiern und das Aufblühen der Städte und die Wanderungen in das Kolonisationsland mit der Freilassung der gesessenen Laten (s. oben S. 70 ff.) und der dadurch hergestellten Freizügigkeit in Zusammenhang, wobei man jedoch einige Fragezeichen machen wird.

3) HERZBERG-FRÄNKEL, a. a. O. Es mag hierbei auch auf die ungesunde Zunahme des akademischen Proletariats hingewiesen werden, das sich auf Kosten der ländlichen Kreise vermehrte. Meine Ursachen der Reformation, S. 23, A. 1.

völkerung ihren sachlichen Grund haben. Erinnern wir uns hierbei namentlich an die bedeutungsvolle Tatsache, daß von der karolingischen Zeit bis zum Beginn des 19. Jahrhunderts das Betriebssystem, die Dreifelderwirtschaft, unverändert herrschend geblieben ist, daß in seinem Rahmen sich nur eine geringe Möglichkeit zur Steigerung des landwirtschaftlichen Ertrags bot und daß somit die Fähigkeit der Gemeinden zur Aufnahme einer wachsenden Bevölkerung begrenzt war. Die Abwanderung braucht deshalb nicht einen Mangel an Arbeitskräften hervorgebracht zu haben. Es wird jedenfalls zu prüfen sein, ob die Klagen der Herren über die Abwanderung in die Städte sich nicht mehr auf die ihnen dadurch entgehenden Einnahmen als auf die ihnen entzogenen Arbeitskräfte beziehen. Wie die ganze Gestalt der altdeutschen Grundherrschaft, die weit mehr auf Rentenbezug als auf landwirtschaftliche Arbeit abzielt, auf das erstere hinweist, so weisen auch die Quellen unmittelbar darauf hin. Doch fehlt es, wie bemerkt, in ihnen nicht schlechthin an Hinweisen auf einen Mangel an Arbeitskräften.

Wenn etwa im 13. Jahrhundert Mangel an Arbeitskräften eingetreten wäre, so sollte man vermuten, daß dann den Bauern fortan vom Grundherrn besonders günstige Bedingungen für die Übernahme von Land gewährt worden wären. Indessen wir sehen doch, daß jetzt das für sie nicht sonderlich günstige Zeitpachtverhältnis Platz greift.

In unseren Darstellungen begegnet oft die Auffassung, daß es einen besonderen Stand von unfreien Hausdienern gegeben habe. Die Irrigkeit dieser Auffassung geht schon aus dem hervor, was wir soeben bemerkt haben: Soweit die Herrschaft Unfreie im Haushalt oder in dem landwirtschaftlichen Eigenbetrieb verwendet, entnimmt sie sie den Familien, die den sonstigen Formen der Unfreiheit unterworfen sind, den Kreisen der Hörigen oder Leibeigenen. Oft wird die Theorie von dem besonderen Stand der unfreien Hausdiener in der Art vorgetragen, daß sie mit den Leibeigenen gleichgesetzt und die Leibeigenen dann als die Angehörigen der niedrigsten Stufe der Unfreiheit aufgefaßt werden. Man stellt den auf bäuerlichen Nahrungen angesiedelten Hörigen die „Knechte", „die Unfreien aus dem Hausgesinde und die ländlichen Arbeiter" als die besonderen „Leibeigenen", welche „ungemessene Fronden oder Gesindedienste im Haushalt leisten und samt ihrer Habe im Haushalt des Herrn stehen", gegenüber[1]). Wir wissen ja aber, daß mit

---

1) So BRUNNER, Grundzüge der deutschen Rechtsgeschichte, 6. Aufl., § 25, S. 99 f. Ebenso SCHRÖDER, Rechtsgeschichte, 6. Aufl. (1919), § 42, S. 495: „Die unterste Stufe der

der Leibeigenschaft gar kein bestimmter Beruf gegeben war, daß vielmehr die Leibeigenen sich in den mannigfaltigsten Berufen betätigen konnten, noch mehr freie Bewegung hatten als die Hörigen, weil sie nicht wie diese an die Scholle gebunden waren[1]). Ein Wertverhältnis zwischen den beiden Arten der Unfreiheit aufzustellen ist unmöglich. Wenn die Beschäftigung als Gesinde, als Hausdiener, als Landarbeiter als niedriger galt wie die als zinszahlender Bauer, so gab es doch auch wiederum Beschäftigungen im herrschaftlichen Haushalt, die als bevorzugt galten. Immer aber sind es Angehörige der gleichen Kreise, die für diese oder jene Beschäftigung herangezogen werden, und zwar der Hörigen wie der Leibeigenen. Von einem restlichen Abschluß eines Standes der unfreien Hausdiener läßt sich nichts entdecken; es handelt sich nur um die tatsächlichen und mehr oder weniger vorübergehenden Unterschiede der Beschäftigung.

Als Dienst kommt ferner die Pflicht des Hörigen in Betracht, im grundherrlichen Gericht zu erscheinen, in dem er als Urteilfinder tätig ist. Dessen Kompetenz erstreckt sich auf die aus dem grundherrlich-bäuerlichen Leiheverhältnis entspringenden Streitigkeiten. Wenn es gelegentlich seine Befugnisse durch Privileg oder Usurpation erweitert, so bleibt es doch von dem staatlichen Gericht geschieden. Im Laufe der Zeit sind die grundherrlichen Gerichte vermindert worden durch die Vorgänge, die mit der Auflösung

---

Bevölkerung bildeten ... die ... Hausdiener; ... sie waren Leibeigene". BRUNNER wie SCHRÖDER meinen auch, daß „die knechtische Bevölkerung" von vornherein nicht sehr zahlreich war und immer mehr zusammengeschmolzen sei. Tatsächlich ist die Zahl der Leibeigenen recht groß gewesen. Aber im Haushalt und in dem landwirtschaftlichen Eigenbetrieb sind allerdings nicht große Scharen von Unfreien beschäftigt worden. SCHRÖDER macht auch den unzulässigen Unterschied, daß die Leibeigenen im Haus und, auf den Fronfeldern, die Hörigen dagegen auf den „Beunden" (s. oben S. 55, Anm. 2) beschäftigt worden seien. Bei BRUNNER und SCHRÖDER sind rechtliche und wirtschaftliche Gesichtspunkte vermischt; sie tragen aber auch den Quellenzeugnissen nicht Rechnung. WAITZ, Verfassungsgeschichte, 5, S. 209, bemerkt mit Recht, daß von „der rechtlichen Natur der Abhängigkeit" allein nicht die Stellung der Unfreien abhängt; daneben komme in starkem Maß „die Beschaffenheit der Dienste" in Betracht. Man kann in der Tat das unfreie Gesinde und die unfreien Bauern nur nach wirtschaftlichen Gesichtspunkten unterscheiden. Ich habe die Darstellungen von BRUNNER und SCHRÖDER herausgegriffen, um zu zeigen, daß jene Anschauungen noch in den höheren Etagen der Literatur vertreten worden sind. WITTICHs Bemerkung (Grundherrschaft, S. 297): „Für die Bedienung seiner Person hat der Herr Sklaven, völlig unfreie Hausdiener", ist auch im obigen Sinn zu beanstanden.

1) Vgl. oben S. 87 f. SCHRÖDER selbst führt, S. 497, Anm. 128, ein lehrreiches Beispiel aus früherer Zeit (13. Jahrh.) an: ein Leibeigener hat das Schulzenamt in Frankfurt erlangt und ist Frankfurter Stadtbürger geworden, bleibt aber Leibeigener und verspricht, „Besthaupt, Kopfzins et omnia alia iura et servicia treu zu erfüllen".

der Villenverfassung zusammenhängen, und durch eine Ausdehnung der staatlichen Gerichtsbarkeit der Landesherren, die nach dem Alleinbesitz der Gerichtsbarkeit im Territorium strebten[1]). Es haben sich jedoch grundherrliche Hofgerichte bis in die neueren Jahrhunderte, auch bis zum Ende der Reichszeit, gehalten[2]). Die Verminderung grundherrlicher Gerichte wurde auf der anderen Seite in gewisser Weise durch eine Übertragung staatlicher (niederer) Gerichtsbarkeit an Grundherren ausgeglichen, die wir hier mit erwähnen, obwohl die Rechte, die sie begründet, sachlich nichts mit der Hörigkeit zu tun haben, sondern ein Ausfluß eben der Gerichtsherrschaft sind. Um dabei nochmals auf das Wesen des altdeutschen Ritterguts zurückzukommen, so gehört ebensowenig wie eine große Landfläche der Besitz einer Gerichtsbarkeit zu seinem Wesen: zweifellos hat nur die Minderzahl der Rittergüter Gerichtsbarkeit gehabt, sei es grundherrliche Hofgerichtsbarkeit, sei es übertragene staatliche Gerichtsbarkeit[3]). Freilich bestehen beträchtliche Unterschiede zwischen den einzelnen Territorien. In Bayern, wo im Jahre 1311 der niederbayerische Herzog Otto III den Landständen schlechthin gegen die Gewährung einer Steuer die niedere Gerichtsbarkeit einräumte[4]), finden wir eine Annäherung an die späteren

---

1) Th. Knapp, Beiträge, S. 421. H. v. Voltelini, Immunität, grund- und leibherrliche Gerichtsbarkeit in Südtirol, Archiv f. österreich. Gesch., Bd. 94 (1905), II. Hälfte, S. 424 ff.

2) Vgl. Th. Knapp, Beiträge, S. 414 f. Th. Ludwig, Die deutschen Reichsstände im Elsaß und der Ausbruch der Revolutionskriege, S. 91 f. Thudichum in der Festschrift der juristischen Fakultät von Gießen für das Jubiläum der Universität (1907), S. 190 ff.

3) Vgl. mein Territorium und Stadt, S. 111. Wittich, Grundherrschaft, S. 175 passim.

*) Vgl. die immer noch brauchbaren Schriften von C. H. Wachsmuth, Versuch einer systematischen Darstellung der Patrimonialgerichtsverfassung der Rittergüter nach gemeinen und sächsischen Rechten, 1808 und Friedrich Bülau, Die Rittergüter und ihre Stellung zu Staat und Gemeinde, 1857. Vgl. auch G. v. Belows Abhandlung „Die Haupttatsachen der älteren deutschen Agrargeschichte", in Probleme der Wirtschaftsgeschichte, 2. Aufl., 1926, bes. S. 50 f.

4) Vgl. Ed. Rosenthal, Geschichte des Gerichtswesens und der Verwaltungsorganisation Bayerns, I, S. 189 f. Rosenthal bemerkt treffend, daß wir es bei dem Privileg von 1311 wenigstens teilweise mit einer Verleihung neuer und nicht lediglich mit einer Anerkennung bereits früher erworbener grundherrlicher Gerichtsbarkeit zu tun haben. Bis 1311 waren zweifellos nicht alle bayerischen Grundherren im Besitz einer solchen Gerichtsbarkeit. Auch darf man das, was 1311 für Niederbayern zugestanden wurde, nicht ohne weiteres für Oberbayern annehmen (S. 191). — Die bayerische „Hofmark" ist der Gebietskomplex, der, im Sinn der Villenverfassung, von einem Fronhof abhängig ist (wobei man sich gegenwärtig zu halten hat, daß hier ebensowenig wie

Verhältnisse des kolonialen Deutschland. Sonst aber dürfte für kein westdeutsches Territorium eine solche Regelmäßigkeit in der Ausstattung der ständischen Besitzungen mit Gerichtsbarkeit nachzuweisen sein, und auch für Bayern beweist jenes Privileg noch nicht, daß jeder Rittersitz seit 1311 mit Gerichtsbarkeit versehen war, da ja mancher Ritter auch nur ein isoliertes Gut, ohne abhängige Bauern, besaß[1])*).

Die Zahlung des Grundzinses, die Frondienste und die Gerichtspflicht sind die ständigen Leistungen des abhängigen Mannes. An Bedeutung nicht gering sind aber auch die unständigen. Als solche sind insbesondere die Besitzwechselabgaben zu nennen. Wie bei dem jährlich zu zahlenden Zins, so können wir auch bei ihnen die Beobachtung machen, daß sie gelegentlich so gering sind, daß sie nur

---

anderswo die abhängigen Bauerngüter ein zusammenhängendes Areal zu bilden brauchen; Streubesitz war auch bei den bayerischen Grundherrschaften die Regel). Die Hofmarkgerichtsbarkeit ist die übliche grundherrliche Hofgerichtsbarkeit. Weiterhin haben dann in Bayern die Hofmarksherren mehr als sonst in westdeutschen Territorien staatliche ausdrückliche Anerkennung und eine Erweiterung ihrer Gerichtsbarkeit durch den Staat erlangt. Insbesondere vermochten sie ihre Gerichtsbarkeit über die Grenzen des Hofmarkdistrikts hinaus auf die einzelnen in den Landgerichten zerstreut liegenden Güter, die ihnen gehörten, die aber nicht dem alten Hofmarksverband eingegliedert gewesen waren, und auch noch über andere Besitzstücke auszudehnen. Der bayerische landständische Freibrief von 1557 enthielt ein entsprechendes Zugeständnis. Vgl. ROSENTHAL, S. 193. Über die Entwicklung der Hofmarken s. auch F. Frhr. v. CRAILSHEIM, Die Hofmarch Amerang (Tübinger staatswissensch. Studien, hrsg. v. FUCHS, N. F., Heft 3, 1913), S. 37 ff. (dazu G. AUBIN, Jahrbücher f. Nationalök., Bd. 102, S. 836). Mancherlei Material bei M. HOPF, Geschichte der Hofmark Sandelshausen (Landshut 1913). Über die ältesten Erwähnungen von Hofmark und Hofmarkgerichtsbarkeit s. ROSENTHAL, a. a. O.; J. P. RUF, Urkundenwesen der Bischöfe von Freising (Münchener Dissertation von 1914), S. 23.

1) Vgl. z. B. JOH. EDMUND JÖRG, Deutschland in der Revolutionsperiode von 1522—1526 (1851), S. 49: „Jakob Tanner zu Tann und seine zwei Brüder besitzen nur die einzige Sedelhufe (über den Begriff s. TH. KNAPP, Beiträge, S. 415 und S. 471: Sedelhof der Hof, auf dem der Herr seinen Wohnsitz hat) zu Tann". „Erasem Reigher zu Lankwart ... ist daheim in einem Bauernhaus und behilft sich daselbst mit Armut" usw. Mein „Territorium und Stadt", S. 112f. und S. 160, Anm. 1.

*) Zu der vorstehend wiedergegebenen Begriffsbestimmung des „Sedelhofes" ist zu bemerken, daß sie für die Gebiete an der alten Ostgrenze des Reiches nicht zutrifft. Hier sind es Höfe von kriegsverpflichteten Dienstmannen, mit einer Landwirtschaft von 3—4 Morgen verbunden, ausgetan zu Lehnrecht mit der Verpflichtung zur Stellung eines gesattelten Pferdes für den Kriegsfall. Die Zahl dieser Sattelhöfe (Siedelhöfe, Sedelhöfe) schmolz um die Wende zur Neuzeit stark zusammen; die meisten glitten ab zu bäuerlichen Erbzinsgütern. Vgl. dazu ED. O. SCHULZE, Die Kolonisierung u. Germanisierung usw., S. 117 ff.; W. L. WALTHER, Magdeburg, S. 30 ff. und 91 ff.; FR. LÜTGE, Die Mitteldeutsche Grundherrschaft, S. 35 f.; W. WITTICH, Der religiöse Gehalt der Kolonisation, a. a. O., S. 644.

den Sinn einer Anerkennungsgebühr haben; meistens aber kommt ihnen ein materieller, und zwar sehr oft ein beträchtlicher Wert zu *).

Besitzwechselabgaben werden namentlich beim Tod des Inhabers des Guts gezahlt. Wir finden sie jedoch auch bei Verkauf und Tausch, soweit das Hörigengut diese Formen der Veräußerung zuläßt. Über das Vorkommen derartiger Leistungen bei Zeitpachtgütern haben wir schon eine Andeutung gemacht. In der Regel zahlen die Abgabe beide Stellen, der Empfänger wie der abgehende Besitzer; beim Tod des bisherigen Besitzers wird sie von seiner Hinterlassenschaft erhoben. Wenn die Zahl der Benennungen sehr groß ist, so überwiegen doch gewisse Namen: Handlohn und Ehrschatz für die Abgabe des Empfängers, Weglöse und Fall, Hauptrecht, Besthaupt (diese beiden mit besonderer Rücksicht auf die Art der Abgabe) für die des bisherigen Besitzers[1]). In den neueren Jahrhunderten findet das Wort Laudemium große Verbreitung**).

Eine bloße Anerkennungsgebühr dürfen wir annehmen, wenn als Abgabe etwa ein Maß Wein, ein Pfund Pfeffer, ein Käsleib, eine Henne, ein kleiner Geldbetrag geliefert wird. Manchmal wird der jährliche Zins oder die Hälfte davon als Weglöse und Handlohn gezahlt. Zu der materiell wichtigen Abgabe führt es uns, wenn ein gewisser Bruchteil des Nachlasses gefordert wird, freilich wieder in verschiedener Abstufung, von 2 und 5% bis zu 10 und 20%, ja einem Drittel oder der Hälfte der Fahrhabe oder gar des Gutswertes. Als Quote der Fahrhabe (wie es scheint, nicht des Vermögens überhaupt) wird die Abgabe als Buteil bezeichnet. Häufig besteht die Abgabe, die der Grundherr aus der Hinterlassenschaft anzusprechen hat, in dem Hauptrecht, Sterbfall, Todfall, Besthaupt (caput optimum, mortuarium), d. h. dem besten Pferd, dem besten Rind, bis zum Hahn herunter (je nachdem der Verstorbene Pferde

---

*) Oft ergibt sich ein direktes Wechselverhältnis, der Art, daß die Besitzwechselabgaben dort besonders hoch sind, wo keine oder nur geringe Frondienste verlangt werden, und umgekehrt; vgl. beispielsweise FR. LÜTGE, Die Mitteldeutsche Grundherrschaft, S. 154.

1) Viel Belehrendes über diese Abgaben bei TH. KNAPP, Beiträge, S. 399ff., S. 433 und S. 465 (unter Handlohn). G. L. v. MAURER, Geschichte der Fronhöfe, 4, S. 323ff. WAITZ, Verfassungsgeschichte, 5, 2. Aufl., S. 264ff.

**) Das dürfte im Zusammenhang stehen mit dem Aufstieg eines überwiegenden Teiles der alten Hörigen-Güter zu Erbzinsrecht. Der gebräuchlichste deutsche Ausdruck für Laudemium ist Lehnware (Lehngeld), woneben sich allerdings eine ganze Reihe von anderen Beziehungen finden (vgl. FR. LÜTGE, Die Mitteldeutsche Grundherrschaft, S. 148, Anm. 3).

oder nur Rinder usw. gehabt hat), und dem besten Gewand (von dem Nachlaß der Frau erhoben). Zuweilen mindert sich das Besthauptrecht auf das zweitbeste Stück oder irgendein Pferd, ein Rind herab. Wenn und insofern der Herr das Recht hat, sich das Stück auszuwählen, heißt die Abgabe Kurmede (von mede, Miete, im Sinne von Lohn, Zahlung). Man sollte beim Hörigkeitsverhältnis erwarten, daß das Besthaupt, die Kurmede, nur beim Tod des Mannes gefordert wird oder beim Tod einer Frau nur dann, wenn ihr ein Gut übertragen war. Es kommt jedoch auch vor, daß bei demselben Gut der Herr beim Tod des Mannes das beste Pferd nimmt, bei dem der Frau die beste Kuh, oder vom Mann das beste Tier, vom Weib das beste Kleid oder das beste Gespinst. Die Mannigfaltigkeit in der Festsetzung der Pflichten tritt uns entgegen, wenn wir bei Teilungen des pflichtigen Grundstückes finden, daß an dem einen Ort jeder Teil das ganze Empfangsgeld und den ganzen Sterbfall (wie auch den ganzen Zins und den ganzen Dienst) entrichten muß, während an einem anderen (dies ist übrigens wohl der seltenere Fall) Handlohn und Hauptrecht nur bei Absterben des „Vorträgers" (der die Teilbesitzer vertritt) erhoben werden. In der Natur der Dinge ist es begründet, daß bei den auf Zeit ausgeliehenen Grundstücken die Handänderungsgebühr in wechselnder Höhe erhoben wurde oder werden konnte, während sie bei erblichem Besitz ein für allemal feststand.

Der Erklärung des Sterbfalls, des Besthaupts, hat die neuere Literatur lebhafte Aufmerksamkeit zugewandt[1]). Wenn man früher

---

1) Die neue Auffassung ist von H. BRUNNER, Zur Geschichte der ältesten deutschen Erbschaftssteuer (Berliner Festschrift für v. MARTITZ, 1911), begründet worden. S. dazu die Literatur in m. Art. Sterbfall bei HOOPS, Bd. 4, S. 283 f. (A. SCHULTZE usw.); WAITZ, a. a. O. S. 266 ff.; TH. KNAPP, S. 402; RIEZLER, Geschichte Baierns, 3, S. 790; WITTICH, Grundherrschaft, S. 286; R. SCHRÖDER, Rechtsgeschichte, Bd. 1, 6. Aufl., S. 494, Anm. 109. Vgl. auch RIETSCHEL, Art. Heergewäte und Gerade, bei HOOPS, 2 S. 467 (Heergewäte als Sterbfall)*). Nicht glücklich ist der von BRUNNER gewählte Ausdruck Erbschaftssteuer, da es sich nicht um eine Steuer, eine öffentlich-rechtliche Abgabe, sondern um eine private Abgabe handelt. Gegen BRUNNERS Theorie werden sich trotz der verstärkten Begründung, die ihr ALFRED SCHULTZE (Seelgerät u. Besthaupt, Zeitschr. d. Savigny-Stiftung für Rechtsgesch., Germ. Abt. Bd. 38, S. 301 ff.) gibt, doch die beiden Umstände entgegenhalten lassen, daß die weite Verbreitung des Sterbfalles in weltlicher Hand doch kaum genügend durch die Vermittlung des Eigenkirchenwesens erklärt werden kann und daß er in sachlicher Parallele mit Abgaben erscheint, die jedenfalls mit der Totenmitgabe nichts zu tun haben. Unbestreitbar ist es, daß das Recht des Herrn auf den ganzen Nachlaß auch vorgekommen ist. Vgl. die vorhin angeführte Literatur.

*) Zu Heergewäte vgl. auch die Untersuchung von K. KLATT, Das Heergewäte (Heergeräte) (Deutschrechtliche Beiträge, Bd. II), 1907.

die Abgabe im allgemeinen so erklärte, daß sie aus der vollkommenen Unfreiheit, die dem Herrn erlaubte, alles Gut des Unfreien bei seinem Tod an sich zu ziehen, durch mildernde Beschränkung entstanden, also ein Rest eines ganz umfassenden Rechtes sei, so wird sie heute in ihrer Begrenzung als etwas Ursprüngliches gedeutet: sie wird mit dem an die Totenmitgabe anknüpfenden Seelgerät in Zusammenhang gebracht; sie sei zuerst bei der freiwilligen Ergebung in den Schutz einer bestimmten Kirche in Gebrauch gekommen; das Recht auf das Besthaupt in weltlicher Hand sei hauptsächlich durch das Eigenkirchenrecht vermittelt zu denken.

Es bedarf keiner näheren Darlegung, daß die Besitzwechselabgaben, wenigstens die großen, störend in die bäuerliche Wirtschaft eingriffen, zumal sie in dem Augenblick erhoben wurden, in dem sie ihres Leiters beraubt wurde. Sie waren aber auch an sich bedeutend; sie trafen ja nicht bloß die größeren Bauerngüter, sondern nicht weniger die kleinen, auf denen nicht viel Vieh zu finden war.

Neben den Besitzwechselabgaben begegnen als unständige Abgaben Heiratsgebühren: für die Erteilung der Erlaubnis zur Verheiratung erhält der Herr eine Gebühr, Baitemund, Bedemund genannt. Sie kommt in verschiedener Anwendung vor: mitunter wird sie nur von Frauen gezahlt; namentlich erscheint sie als eine Leistung, die denjenigen aufgelegt wird, die nicht innerhalb des Villikationsverbandes heiraten, sondern sich den Ehegenossen in einer anderen Hofgenossenschaft wählen. Bei Heiraten innerhalb der Hofgenossenschaft des eigenen Herrn wird etwa eine geringere Gebühr gefordert oder gar überhaupt keine. Oft werden zwischen Herren benachbarter Villikationsverbände für alle künftigen Heiraten der beiderseitigen Angehörigen Wechselverträge des Inhalts abgeschlossen, daß die Frau nach Zahlung des Bedemunds durch die Heirat ipso iure in die Genossenschaft ihres Mannes eintreten und ihre alte Villikationsangehörigkeit verlieren sollte[1] [*]).

---

[1]) Vgl. WAITZ, a. a. O. S. 259ff. WITTICH, Grundherrschaft, S. 288. SCHRÖDER, Rechtsgeschichte, 6. Aufl., S. 493, Anm. 106 und 107. RIEZLER, a. a. O. S. 788. Die Behauptung, daß der Grundherr im deutschen Mittelalter ein ius primae noctis gehabt habe, daß die Heiratsabgabe dessen Ablösung sei, ist ein Märchen, beruht teils auf Mißverständnissen, teils auf Erfindung aus der Aufklärungszeit. Vgl. WAITZ, S. 263ff.; SCHRÖDER, a. a. O.; WAHL, Droit de cuissage im Jahre 1744? in: Vierteljahrschr. f. Soz. u. WG., Bd. 5 (1907), S. 559ff.

[*]) So rückt also die Heiratsgebühr in die Nachbarschaft der sonst auch vorkommenden Abzugsgebühren, die bei Ausscheiden (Fortzug) aus dem Gerichtsbezirk eines Gerichts-

Es ist nun eine interessante Frage, in welchem Umfang die Pflichten, die den Hörigen obliegen, auch den Freien aufgelegt worden sind, die Land aus dem Bereich eines Fronhofes erhalten haben. Wir haben schon angedeutet, daß bei den Pachten, die doch eine freie Leiheform darstellen, manches von den Formen und Verpflichtungen der Hörigkeit übernommen wird. Überhaupt sind im einzelnen viele von den Lasten, wie sie die Hörigen trugen, Freien aufgelegt worden. Es wurde dies dadurch erleichtert, daß es bei den Hörigen nicht sowohl die Person als vielmehr das dargeliehene Gut ist, wodurch die Verpflichtung vermittelt wird. Indessen der ganze Umfang der Pflichten des Hörigen hat doch wohl auf keinem Freien geruht, der die Freiheit behielt; es ist immer nur mehr einzelnes aus dem Hörigkeitsverhältnis übernommen worden. Auf der anderen Seite ist der Freie so oft mit einzelnen Hörigkeitspflichten belastet, daß wir aus dem Vorkommen von solchen einzelnen Pflichten bei einer Person nicht den Rückschluß auf deren Hörigkeit ziehen dürfen[1]*). Im übrigen spielen hier Übergänge von dem einen zum anderen System wohl eine Rolle: das Erbzinsverhältnis könnte sich durch den Fortfall der bezeichnendsten Hörigkeitslasten zum Erbpachtverhältnis wandeln[2]. Irrig ist es, von einer allgemeinen Milderung der Hörigkeitsabgaben und -leistungen durch eine Verdinglichung, Radizierung der Lasten, durch ihre Übertragung von der Person auf das Grundstück zu

---

herrn und demnach auch des Landesherrn erhoben wurde und als Entschädigung für den daraus dem Herrn entstehenden Fortfall der Leistungen gedacht war. Erst Art. 18 der deutschen Bundesakte von 1815 hob dieses Abzugsgeld für alle Mitgliedstaaten des Deutschen Bundes auf. Was die Heiratsgebühr anbelangt, so geht auch aus den Ausführungen v. BELOWs hervor, daß sie in keiner Weise etwas mit jenem sagenhaften jus primae noctis zu tun hat, woran merkwürdigerweise manche Autoren auch heute noch festhalten (z. B. J. BECKER-DILLINGEN, Quellen u. Urkunden zur Geschichte des deutschen Bauern, Bd. I, 1935, S. 466). Interessant ist, daß man zuweilen auch einer — natürlich ganz anders zu beurteilenden — Heiratsabgabe, die die Gemeinde erhebt, begegnet. Vgl. z. B. den „Brautschilling" in: Mansfelder Blätter, 9. Jahrg., 1895, S. 18.

1) Zu dieser schwierigen Frage vgl. oben S. 84 f., LAMPRECHT, Wirtschaftsleben, I, S. 923 und S. 1187. SCHRÖDER, Rechtsgeschichte, S. 494. Ein paar Beispiele der Verbindung von Pacht und Frondienst bei LAMPRECHT, S. 924, Anm. 1. Beispiele der Verbindung der Freiheit mit der Kurmedepflicht trägt LAMPRECHT selbst mit Zurückhaltung vor, S. 1187.

*) Vgl. darüber auch FR. LÜTGE, Die Mitteldeutsche Grundherrschaft, S. 157 f., S. 164.

2) Vgl. LAMPRECHT, S. 926.

sprechen[1]). Die Leistungspflicht ist ja von Haus aus durch das Grundstück vermittelt gewesen; es handelt sich hier nicht um einen Unterschied der Entwicklung, sondern um den in der gleichen Zeit bestehenden Unterschied der Hörigkeit und der Leibeigenschaft. An sich ist die Verdinglichung, die Verwandlung eines Anspruches an die Person in einen Anspruch an das Grundstück, oft genug vorgekommen, wie überhaupt, so auch besonders in den Verhältnissen, mit denen wir es hier zu tun haben; aber ihr eigentlicher Standort ist nicht der Bereich der Hörigkeit, sondern der der gerichtsherrlichen (landesherrlichen) Ansprüche und, wie wir sogleich hinzufügen wollen, der Privilegierungen.

Den Pflichten der Hörigen gegenüber dem Grundherrn, die uns bisher beschäftigt haben, entsprechen Rechte. Vor allem haben sie den wertvollen Anspruch auf das von ihnen bewirtschaftete Gut, und dieser Anspruch vererbt sich. Die Befreiung, die die Auflösung der Villenverfassung ihnen brachte, war für sie, wie wir wissen, ein höchst zweifelhaftes Geschenk; sie nahm ihnen dies Recht. Wenn der gesessene Late den Schutz des Besitzes für sein Grundstück hat, so steht dem, der noch keines erhalten hat, (so den Söhnen des hörigen Bauern), kraft seiner Hörigkeit ein Anspruch zu, eventuell in den Besitz eines Grundstückes zu gelangen.

Im einzelnen sehr verschieden ist die Pflicht des Grundherrn, den Hörigen bei Bauten auf dem ihm übertragenen Hof zu unterstützen, geregelt. In den Pachtbriefen findet man darüber Genaueres, als sich aus den Nachrichten über das Hörigkeitsverhältnis entnehmen läßt[2]). Der Anspruch des Hörigen auf Weide und Waldnutzung gehört mehr in das Kapitel der Allmenderechte als in das der grundherrlich-bäuerlichen Beziehungen im engeren Sinne. Dagegen haben wir es als Pflicht des Grundherrn zu verzeichnen, daß es mehrfach ausdrücklich ihm auferlegt wird, dem Hörigen bei Hagel, Wind, Mißwachs, Krieg Nachlaß seiner Obliegenheiten zu gewähren.

Die Vererbung des Grundstückes des Hörigen ist an die Mitgliedschaft in der Hofgenossenschaft gebunden: sind nicht Erben da, die zum Fronhof des Herrn gehören, so fällt das Grundstück

---

1) So durchgehend bei LAMPRECHT, bei dem sich die irrige Auffassung aus dem Mangel der Unterscheidung zwischen Hörigkeit, Leibherrschaft und Gerichtsherrschaft erklärt. Aber der Irrtum ist auch sonst weit verbreitet.

2) TH. KNAPP, Beiträge, S. 410. FR. GERSS, Zeitpachtgüter am Niederrhein, Zeitschr. des bergischen Geschichtsvereins, 15 (1879), S. 77 ff.

an diesen zurück. Soweit es unabhängig von der Vererbung veräußert werden darf, ist seine Veräußerung nur an Mitglieder derselben Hofgenossenschaft zulässig. Der Schranke, die die Genossenschaft der Verheiratung setzt, haben wir schon gedacht.

Wenn aber die Genossenschaft Grenzen zog, so kommen sie auf der anderen Seite auch ihren Mitgliedern zustatten. Das Verbot der Veräußerung aus dem genossenschaftlichen Kreis heraus verhinderte, daß mancher Besitz der Mitgliedschaft als einem Ganzen verlorenging, wandte manchen Besitz den Mitgliedern zu, der sonst in fremde Hand gekommen wäre.

Bedeutungsvoll wird die Genossenschaft ferner als gerichtliche Körperschaft. Der Dingpflicht der Hörigen entspricht ihr Recht, im grundherrlichen Hofgericht das Urteil zu finden. Wenn das Hofrecht nicht das Recht des staatlichen Verbandes war, wenn das Hofgericht unter dem Vorsitz des Grundherrn oder eines von ihm bestellten Richters (des Meiers) tagte, so waren die Urteilfinder doch die Hofgenossen. Sie fanden das Urteil gerade in allen den Rechtsstreitigkeiten, die sich aus dem grundherrlich-bäuerlichen Verhältnis ergaben, also in den Streitigkeiten untereinander und gegenüber dem Herrn über das Recht auf das Hörigengut, über Erbrecht und Leistungsverpflichtungen. Der Herr unterstand selbst dem Hofgericht und damit dem Urteil der Hörigen, insofern sie auch über seine Ansprüche an sie und ihr Gut Recht sprachen. „Die Versammlung der Hörigen bildete einerseits die lebendige Urkunde der vom Herrn gegebenen Verfassung; sie urteilte andererseits nach dieser Verfassung im Namen des Herrn. So bildete sich eine Institution, welche die Eigenschaften eines Gesetzbuches und eines Gerichts in sich vereinigte, das Hofgericht oder Meierding"[1]).

Die feste Stellung der Hofgenossenschaft wurde noch verstärkt durch die Einrichtung des Weistums. Die Sitte, die wir in allen Kreisen des deutschen Mittelalters, in Stadt wie Land, und in allen städtischen wie ländlichen Gerichten finden, ein Weistum aufzunehmen, d. h. eine Aussage über geltendes Recht auf amtliche Anfrage hin von eingeschworenen Mitgliedern der betreffenden Gerichtsgemeinden machen zu lassen, findet sich, wie überall, so auch im grundherrlichen Hofgericht, in der doppelten Gestalt, daß ein Weistum in einzelnen praktischen Fällen der Rechtsunsicherheit aufgenommen und daß eine generelle Abfragung des geltenden

---

1) WITTICH, Grundherrschaft, S. 294.

Rechts periodisch wiederholt wird: Etwa einmal im Jahr wird in ordentlicher Gerichtsversammlung ein Weistum über die Pflichten und Rechte des Herrn, der Hofgenossenschaft und des Hörigen aufgenommen[1] *).

Nachdem wir uns über die Pflichten und Rechte der Hörigen ausführlich unterrichtet haben, können wir die Schilderung der Stellung der anderen abhängigen Klassen kürzer fassen, indem wir uns begnügen, die Übereinstimmungen und Abweichungen hervorzuheben.

Die Leibeigenen[2]) tragen wesentlich dieselben Lasten wie die Hörigen, nur daß sie bei ihnen nicht dinglich vermittelt sind, sondern an der Person haften und demgemäß auch meistens andere Benennungen führen, die sie als Kopfzins statt als Grundzins, als Leibfall statt als Güterfall kennzeichnen. Wir finden vor allem bei den Leibeigenen jährlichen Zins, Heiratsabgabe und Sterbfall wieder.

---

[1] FEHR, Vierteljahrschr. für Soz. u. WG., Bd. 13 (1916), S. 555 ff. will den Begriff Weistum weiter fassen, als ich es in obiger Definition getan. Er verwirft meine „formale" Definition. Aber die Form ist hier gerade bedeutungsvoll, da sie ein Mittel ist, die Stellung der Hörigen zu festigen. Der „Inhalt" kann nicht allein maßgebend sein; denn er ist auch in den einseitigen herrschaftlichen Hofordnungen von gleicher Art. Für unsere Editionen macht der Unterschied nichts aus, da FEHR wie andere Forscher die eine wie die andere Form in ihnen berücksichtigt sehen wollen. Die Kompromisse zwischen beiden werden natürlich mit aufgenommen; aber reine Weistümer sind sie natürlich nicht. Daß unter Umständen einer Aufzeichnung, die reine Weistumsform trägt, ein Kompromiß vorhergegangen sein kann, bedarf keiner besonderen Erwähnung. Über die Frage, wie Weistümer entstehen und ob sie reiner Ausdruck der Volksstimmung und des Volkswillens sind, vgl. KREBS, Alemannia, 1905 (Neue Folge, Bd. 6), S. 1 ff.; WOPFNER, Mitteil. d. Inst. f. österr. Gesch., 1907, S. 166 ff.; VARRENTRAPP, Gemeine Marken in Hessen, 1, S. 189 (wer am Weistum teilnimmt). S. auch RÖRIG, Histor. Vierteljahrschr., Bd. 11 (1908), S. 104 ff.

*) Vgl. neuerdings auch die Arbeiten von ERNA PATZELT, Grundherrschaft und bäuerliches Weistumsrecht, Arch. f. Kulturgesch., Bd. 20 (1929), und: Entstehung und Charakter der Weistümer in Österreich (1924); E. Frhr. v. KÜNSSBERG, Deutsche Bauernweistümer (1926); JOH. KÜHN, Zur Kritik der Weistümer (1920) (Sonderabdruck aus Festgabe Gerhard Seeliger zum 60. Geburtstage).

[2] SEELIGER, Ständische Bildungen im deutschen Volk, Leipziger Rektoratsrede von 1905, S. 7, urteilt: „Vornehmlich bei den Unfreien des Reichs und der Kirche nahm das abhängige Verhältnis vielfach einen mehr dinglichen, einen fast unpersönlichen Charakter an". Eine solche Scheidung läßt sich nicht machen: die kirchlichen Institute haben durchaus nicht weniger Unfreie, deren Unfreiheit auf dem persönlichen Band beruht, als irgendwelche weltlichen Herren (vgl. auch die Wachszinsigen!). SEELIGERS Meinung ruht wohl auf der Voraussetzung, daß die persönliche Unfreiheit (die Leibeigenschaft) etwas besonders Schlimmes sei und daß man bei der Kirche nicht die schlimme Form der Unfreiheit voraussetzen dürfe. Soweit späterhin die Lage der Leibeigenen sich verbessert hat, ist die Verbesserung ebenso den Leibeigenen der weltlichen Herren zustatten gekommen wie denen der Geistlichen.

Allerdings übt das andere Rechtsverhältnis einen Einfluß auf die Art der Last. Der Kopf- oder Leibzins beläuft sich nie so hoch, wie es oft bei dem Grundzins der Fall ist, weil er eben nicht Entgelt für ein dargeliehenes Grundstück ist. Er besteht in einem mäßigen Geldbetrag oder in einem Huhn, dem Leib- oder Halshuhn. Häufig hat der Mann einen Geldbetrag, die Frau ein Huhn[1])*) zu liefern; es kommt aber auch vor, daß beide Hennen geben[2])**). Der Sterbfall kann sich zwar sehr hoch unter dem Gesichtspunkt belaufen, daß der Herr den gesamten Nachlaß des Leibeigenen als seines Unfreien oder wenigstens seinen gesamten beweglichen Nachlaß beerbt. Es gibt in der Tat derartige Beispiele. Indessen wie jener Grundsatz in der praktischen Anwendung doch schon wesentlich gemildert wird, so beobachten wir namentlich, daß ein Grundstück bei der Bemessung und Berechnung des Sterbfalls regelmäßig nicht in Betracht kommt. Wenn das beste oder zweitbeste Tier gegeben wird, so ist dies eben ein Stück aus dem beweglichen Nachlaß.

Die Beschränkung des Sterbfalls auf den beweglichen Nachlaß begreift sich bei den Leibeigenen schon deshalb, weil sie von einem andern Herrn ein Grundstück zu Zins erhalten konnten, weil der Leibeigene sogar Höriger eines anderen Herrn werden konnte. Die dreifache Abhängigkeit eines Leibeigenen von einem Leibherrn, einem Grundherrn, einem Gerichtsherrn ist nachweisbar;

---

1) Die für die Schilderung der alten ländlichen Verfassung oft (s. z. B. JANSSEN-PASTOR, Geschichte des deutschen Volkes, I, 19. und 20. Aufl., S. 351 f.) verwertete Bestimmung, daß einem Weib, das im Kindbett lag, die Henne zurückgegeben wurde, nachdem ihr zuvor der Hals umgedreht war (der Kopf mußte zum Ausweis abgeliefert werden), wollen wir hier nicht unerwähnt lassen; Belege s. bei TH. KNAPP, Beiträge, S. 254.

*) Vgl. auch v. MAURER, Geschichte der Fronhöfe usw., Bd. IV, S. 503 über die Milde bei Erhebung der Abgaben: „Es sollte das Kind nicht in der Wiege geweckt und der Hahn auf dem Gatter nicht erschreckt werden." Vgl. auch v. MAURER, ebenda, Bd. III, §§ 414, 491, 541. Über die Rücksichtnahme Kindbetterinnen gegenüber vgl. auch GRIMM, Rechtsaltertümer 4. Ausgabe, 1899, I. Bd., S. 558, 615 ff.; daselbst ist S. 617 die in der vorstehenden Anm. erwähnte Überlassung des Huhnes an die Kindbetterin aufgeführt. Über Nachlaß vom schuldigen Dienst vgl. auch FR. LÜTGE, Die Mitteldeutsche Grundherrschaft, S. 106 f. Vgl. auch oben S. 98 Anm. 3.

2) Von demselben Gesichtspunkt aus konnte auch die Veräußerung von Grundbesitz des Leibeigenen an einen anderen als den Erben oder einen Genossen verboten sein. WAITZ, Bd. 5, S. 306.

**) In Baden unterschied man später Rauchhuhn, Leibhuhn und Zinshuhn. Ersteres trägt gerichtsherrlichen Charakter, letztere beiden leibherrlichen (TH. LUDWIG, Der badische Bauer im 18. Jahrhundert, S. 26, S. 38 f., S. 73).

ebenso doppelter Sterbfall und gleicherweise doppelter Zins bei dem Leibeigenen, der von einem Grundherrn Land erhalten hat[1]).

Die Heiratsabgabe erscheint bei den Leibeigenen in derselben Art wie bei den Hörigen; namentlich dient sie auch dazu, die Genossenschaft der Unfreien desselben Herrn abzuschließen[2]).

Frondienste werden bei den Leibeigenen auf Grund der Leibherrschaft in bescheidenem Umfang und nur lokal verlangt. Wenn eine Heranziehung zum häuslichen Gesinde sich eher findet als ein landwirtschaftlicher Frondienst, so ist dies Verhältnis eben damit gegeben, daß der Leibeigene als solcher nicht Land von seinem Herrn hat[3]).

Aus diesem Grund ist ferner die Unterstellung des Leibeigenen unter ein grundherrliches Hofgericht ausgeschlossen: da die Kompetenz eines solchen sich wesentlich auf die aus dem dargeliehenen Land sich ergebenden Rechtsverhältnisse bezieht, der Leibeigene aber, im Gegensatz zum Hörigen, Land nicht erhalten hat, so fehlt dem Hofgericht der Anlaß, ihn sich zu unterwerfen. Es ist auch kaum ein anderes privates Gericht nachweisbar, dem die Leibeigenen unterworfen gewesen wären[4]).

---

1) Waitz, Bd. 5, S. 309, S. 311, S. 313, Anm. 3. Aus dem Nachlaß eines Verstorbenen verlangt einerseits der Grundherr, andererseits der Leibherr das Hauptrecht: Th. Knapp, Beiträge, S. 417, Anm. 7. His, Gött. Gel. Anz., 165. Jahrg. (1903), Bd. I, S. 485.

2) Th. Knapp, Beiträge, S. 355, Anm. 1, weist auf die bemerkenswerte Parallele hin, daß wie die Leibherren sich andererseits auch die Freien auf der Leutkircher Heide gegen das Eindringen von Ungenossen durch Heirat wehren.

3) Mißverständlich sind Zwangsdienste als Folge der Leibeigenschaft aufgefaßt worden, die in Wahrheit auf Grund der Gerichtsherrschaft gefordert wurden. Vgl. Th. Knapp, Beiträge, S. 88f. und S. 355f. W. Meyer, Guts- und Leibeigentum in Lippe seit Ausgang des Mittelalters (Hallische Dissertation von 1896), S. 13: kein Gesindezwangsdienst bei den Leibeigenen.

4) Th. Knapp, Beiträge, S. 357: „Die Gerichtsbarkeit über die Leibeigenen kommt dem Leibherrn nicht zu." Das für die „Halseigenen" in Niedersachsen zuständige Meierding (Knapp, S. 358 und S. 366) unterwirft sie sich nur insoweit, als sie ein Gut von dem Herrn in Besitz haben. H. v. Voltelini, Immunität, grund- und leibherrliche Gerichtsbarkeit in Südtirol, S. 402 ff., spricht von „Grund- und leibherrlicher Gerichtsbarkeit". Doch ist in den von ihm berücksichtigten Fällen die Leibherrschaft offenbar nicht von der Grundherrschaft getrennt. Die räumliche Entfernung, in der sich viele Leibeigene von dem Sitz der Leibherrschaft befanden, der Umstand, daß sie frei ihren Aufenthalt wählen konnten, läßt es schon für sich als kaum denkbar erscheinen, daß der Leibeigene an ein privates Gericht des Leibherrn gebunden war. Vgl. m. Ursprung der deutschen Stadtverfassung, S. 134. Keutgen, Urkunden zur städtischen Verfassungsgeschichte (1901), S. 449. In den oben (S. 91, Anm. 1) angeführten „Studien zur

Bei den Hörigen ergab sich eine Beschränkung seiner Freizügigkeit aus der eben angedeuteten Tatsache, daß sie Land erhalten haben, das sie bewirtschaften, von dem sie Zins zahlen und Frondienste leisten müssen, an das sie gebunden sind. Die Kinder der Hörigen sucht der Herr — soweit für sie nicht ein unmittelbarer Gesindezwangsdienst besteht — festzuhalten, weil er sie später gegebenenfalls auf jenem Land ansetzen will. Da bei den Leibeigenen diese Rücksichten fortfielen, sollte man meinen, daß ihnen die Freizügigkeit zugestanden wird. In der Tat haben die Leibeigenen manchen Orts dieses Recht. Oft aber ist ihre Freizügigkeit doch beschränkt; der Herr darf sie zurückrufen, wenn sie nicht seine Erlaubnis für die Ortsveränderung eingeholt hatten. Zweifellos war die Erwägung, daß sie bei der Wanderung an weit entlegene Plätze, zumal in Städte, die ihre alte Abhängigkeit zu lösen geneigt waren, sich leicht ihren Pflichten entziehen konnten, für die Einschränkung ihrer freien Bewegung maßgebend[1]).

Bei den Hörigen konnten wir feststellen, daß ihren Pflichten gegenüber den Grundherren ein sehr wichtiges Recht entsprach, der Anspruch auf ein Grundstück, und dieser war im allgemeinen erblich. Damit war ihre wirtschaftliche Existenz gesichert. Eine Pflicht des Leibherrn, seine Leibeigenen im Notfall zu versorgen, wird vereinzelt[2]), aber eben nur vereinzelt, ausgesprochen. Wir können eine solche Pflicht als allgemeine Obliegenheiten der Leibherren nicht erwarten, da ja die Leibeigenen keineswegs vorzugsweise im Dienst ihres Leibherrn standen, vielmehr umfassende Bewegungsfreiheit genossen, oft auf Gütern fremder Herren saßen, in anderen Ortschaften, auch in den Städten ertragreiche Stellungen

---

Geschichte der Wachszinsigkeit" wird eine „geistliche" Gerichtsbarkeit über die Wachszinsigkeit angenommen (S. 89 ff. und S. 137 ff). Ein wirklicher Beleg für eine solche wird jedoch erst für das 17. Jahrh. erbracht (S. 141). Die Nachrichten aus dem Mittelalter, welche angeführt werden, lassen ein bestimmtes Urteil über die Gerichtsfrage nicht zu. Sie beziehen sich nicht sowohl auf Gerichtsbarkeit als vielmehr auf Gebühren und stetige Leistungen finanzieller Naturen. Vgl. z. B. S. 138: cerocensuales iurisdictionis sue titulis aut exactionibus gravare. Unter exactiones sind im Zweifelsfall die Beden (Steuern) zu verstehen, die der Inhaber der hohen Gerichtsgewalt verlangt, und „iurisdictionis titulis" wird synonym zu deuten sein.

1) Zum Teil ist die Freizügigkeit der Leibeigenen nachweisbar späteres Produkt. Vgl. Th. Knapp, Beiträge, S. 356.

2) Riezler, Geschichte Baierns, III, S. 792, weist auf einen Satz Ruprechts v. Freising hin: Der Herr ist verpflichtet, den in seinem Dienst arm und elend gewordenen Leibeigenen zu unterhalten; dem Knecht, der diese Hilfe nicht findet, wird die Freiheit zuerkannt.

einnahmen. Die gelegentlich erwähnte Versorgungspflicht des Herrn dürfen wir wohl nur auf solche Unfreien beziehen, die in seinen unmittelbaren Dienst, etwa als Gesinde, getreten waren. Im übrigen gilt von den Leibeigenen wie von den Hörigen, daß die Genossenschaft, wenn sie ihnen auf der einen Seite Schranken zog, ihnen auf der anderen Vorteile bot.

Gegenüber der Auffassung, die an die mittelalterliche deutsche Leibeigenschaft mit den Vorstellungen herantritt, die wir von besonders harten Leibeigenschaftsverhältnissen anderer Länder mitgebracht haben, sei nochmals daran erinnert, daß ihr Charakter gegenüber der Hörigkeit nur durch die andersartige Begründung, die persönliche statt der dinglichen Abhängigkeit, gegeben ist. Aber die Lasten, die auf dem Leibeigenen ruhen, sind auch überwiegend nur vermögensrechtliche. Die persönlichen Dienste treten jenen gegenüber sehr zurück, und die Ansprüche des Leibherrn reduzieren sich im Laufe der Zeit in dieser Richtung noch weiter; während die Abgabenpflichten mehrfach (so in Bayern) stärker ausgebaut werden. Eine Einwirkung auf die Person bleibt hauptsächlich in dem Recht des Herrn bestehen, den Unfreien zurückzufordern, wenn er sich seiner Einflußsphäre — dem Gebiet, innerhalb dessen der Herr seine vermögensrechtlichen Ansprüche leichter geltend machen kann — zu entziehen droht[1]).

---

1) Vgl. W. MEYER, Guts- und Leibeigentum in Lippe, S. 13. G. AUBIN, Jahrbücher f. Nationalök. u. Statistik, Bd. 102 (1914), S. 837.

Inhaltsverzeichnis.

	Seite
I. Die Grundlagen (die Urzeit)	1
A. Die Eigentums- und Besitzverhältnisse	1
B. Die technische Seite der Landwirtschaft	26
II. Die Ausbildung der großen Grundherrschaften (von der Völkerwanderung bis zum Ausgang der Karolinger)	29
A. Die Eigentums- und Besitzverhältnisse	29
B. Die technischen Fortschritte in der Landwirtschaft	41
III. Die Agrarverfassung der Feudalzeit (vom Ausgang der Karolingerzeit bis zum Ende des Mittelalters)	60
A. Eigentums- und Besitzverhältnisse	60

Quellen und Forschungen zur Agrargeschichte

Herausgegeben von Prof. Dr. Dr. Friedrich Lütge, München, Prof. Dr. Günther Franz, Stuttgart-Hohenheim, und Prof. Dr. Wilhelm Abel, Göttingen

Band XVII

Die Agrarverfassung des frühen Mittelalters
im mitteldeutschen Raum, vornehmlich in der Karolingerzeit
Von Prof. Dr. Dr. Friedrich Lütge, München
2., unveränderte Auflage, 1966. X, 370 Seiten, Ganzleinen

Band XIII

Vermögensverhältnisse braunschweigischer Bauernhöfe im 17. und 18. Jahrhundert
Von Dr. Walter Achilles, Hildesheim
1965. VIII, 117 Seiten, Ganzleinen DM 24,—

Band XII

Martin Grosser · **Anleitung zu der Landwirtschaft (1590)**
Abraham von Thumbshirn · **Oeconomia (1616)** — Zwei frühe deutsche Landwirtschaftsschriften
Herausgegeben von Dr. Gertrud Schröder-Lembke, Mainz
1965. VIII, 109 Seiten, Ganzleinen DM 34,—

Band XI

Ländliche Bevölkerung an der Schwelle des Industriezeitalters
Der Raum Braunschweig als Beispiel
Von Dr. Ernst Wolfgang Buchholz, Stuttgart-Hohenheim
1966. X, 94 Seiten, 6 Abbildungen, Ganzleinen DM 26,80

Band X

Herrschaft und Bauer in der deutschen Kaiserzeit
Untersuchungen zur Agrar- und Sozial-Geschichte des hohen Mittelalters mit besonderer Berücksichtigung des südostdeutschen Raumes
Von Prof. Dr. Alfons Dopsch †
Mit einer Vorbemerkung von Prof. Dr. W. Abel, Prof. Dr. G. Franz, Prof. Dr. F. Lütge
2., unveränderte Auflage, 1964. VIII, 272 Seiten, Ganzleinen DM 34,—

 GUSTAV FISCHER VERLAG · STUTTGART

Quellen und Forschungen zur Agrargeschichte

Herausgegeben von Prof. Dr. Dr. Friedrich Lütge, München, Prof. Dr. Günther Franz, Stuttgart-Hohenheim, und Prof. Dr. Wilhelm Abel, Göttingen

Band IX
Die Bauernbefreiung in Hohenlohe
Von Dr. Eckart Schremmer, München
1963. XIV, 208 Seiten, Ganzleinen DM 37,50

Band VIII
Die Zisterzienserabtei Ebrach
Eine Untersuchung zur Grundherrschaft, Gerichtsherrschaft und Dorfgemeinde im fränkischen Raum
Von Dr. Hildegard Weiss, München
Mit einem Vorwort von Prof. Dr. F. Lütge, München
1962. VIII, 147 Seiten, 1 Übersichtskarte, Ganzleinen DM 32,—

Band VII
Der Dreißigjährige Krieg und das deutsche Volk
Untersuchungen zur Bevölkerungs- und Agrargeschichte
Von Prof. Dr. Günther Franz, Stuttgart-Hohenheim
3., erweiterte Auflage, 1961. VIII, 115 Seiten, 16 Abbildungen und eine Falttafel, Ganzleinen DM 26,—

Band VI
Bauernwirtschaft und Gutsbetrieb in der vorindustriellen Zeit
Von Dr. Diedrich Saalfeld, Göttingen
1960. VIII, 167 Seiten, 10 Abbildungen, Ganzleinen DM 28,—

Band V
Landwirtschaft und Agrarverfassung im Fürstentum Osnabrück nach dem Dreißigjährigen Kriege
Eine wirtschaftsgeschichtliche Untersuchung staatlicher Eingriffe in die Agrarwirtschaft
Von Dr. Klaus Winkler, Bramsche/Osnabrück
1959. XIV, 159 Seiten, 2 Abbildungen, Ganzleinen DM 21,—

Band IV
Die mitteldeutsche Grundherrschaft und ihre Auflösung
Von Prof. Dr. Dr. Friedrich Lütge, München
2., stark erweiterte Auflage, 1957. XIV, 317 Seiten, Ganzleinen DM 36,—

Band II
Die landesherrlichen Urbarsbauern in Ober- und Niederbayern
Von Prof. Dr. Friedrich Lütge, Leipzig (jetzt München)
Jena 1943. XVI, 412 Seiten, 1 Karte, broschiert DM 33,—

Band I
Die Wüstungen des ausgehenden Mittelalters
Von Prof. Dr. Wilhelm Abel, Göttingen
2., erweiterte Auflage, 1955. X, 180 Seiten, 8 Abbildungen, Ganzleinen DM 22,—

 **GUSTAV FISCHER VERLAG · STUTTGART**

Bei Fragen zur Produktsicherheit wenden Sie sich bitte an:
If you have any questions regarding product safety,
please contact:

Walter de Gruyter GmbH
Genthiner Straße 13
10785 Berlin
productsafety@degruyterbrill.com